HUAWEI
GLOBALIZATION

华为全球化

陈攀峰 著

ZHEJIANG UNIVERSITY PRESS
浙江大学出版社

图书在版编目（CIP）数据

华为全球化 / 陈攀峰著. — 杭州：浙江大学出版社，
2020.7

ISBN 978-7-308-20099-8

Ⅰ. ①华… Ⅱ. ①陈… Ⅲ. ①通信企业—国际化—企
业发展战略—研究—深圳 Ⅳ. ①F632.765.3

中国版本图书馆CIP数据核字（2020）第046058号

华为全球化

陈攀峰　著

策　　划	杭州蓝狮子文化创意股份有限公司	
责任编辑	黄兆宁	
责任校对	杨利军　黄梦瑶	
装帧设计	水玉银文化	
出版发行	浙江大学出版社	
	（杭州市天目山路148号　　邮政编码　310007）	
	（网址：http://www.zjupress.com）	
排　　版	杭州林智广告有限公司	
印　　刷	杭州钱江彩色印务有限公司	
开　　本	880mm×1230mm　1/32	
印　　张	7.625	
字　　数	184千	
版 印 次	2020年7月第1版　2020年7月第1次印刷	
书　　号	ISBN 978-7-308-20099-8	
定　　价	58.00元	

2018 年 11 月 18 日，第五届中国企业全球化论坛在海南三亚海棠湾红树林酒店刚刚落下帷幕，我就约了会议主办方中国与全球化智库的王辉耀会长午后聊天。大学期间我曾读过王辉耀先生的著作《我在东西方的奋斗》，这本书对我后续的国际化职业规划影响很大。见面后他对我说：你的国际化背景很好，又在华为这样的标杆企业驻海外工作了十多年，现在在"一带一路"倡议下，将有越来越多的企业走出去，你完全可以把自己的经历写出来，给其他企业出海提供借鉴。我听后大受鼓舞。这让我想起了 2001 年，我在墨西哥城见到久违的《人民日报》拉美分社张金江老师时的情景。我非常喜欢他在《环球时报》上的报道，每周必看。他鼓励我说：你也可以写啊！没想到后来我果真兼职做了几年《环球时报》驻德国、法国的特约记者。

华为给我留下的深刻印象之一就是执行力强，说干就干。幸好我自小学开始就写日记，平时喜欢思考和总结。翻阅日记的过程中，我既收集了很多素材，也产生了很多灵感，甚至当时不明白的很多事情，现在结合对华为文化的理解，一下子就豁然开朗，更庆幸自己 18 年来一直在走国际化之路。

要解读华为这样一家 18 万员工的伟大企业的全球化成功秘诀，即使在华为驻海外工作了 13 年，我也认为自己是井底之蛙，只能看到自己头上的一小片天。虽然我没有机会接触到最初华为全球化战略的制定与决策，但有幸在外派欧洲和拉美工作期间，向欧洲片区原总裁徐文伟、余承东直接汇报过工作，还与东欧地区部原总裁徐钦松、沃达丰系统部原部长彭博、无线网络产品线原总裁汪涛等有过深度交集，并直接向西班牙电信系统部原总裁王盛青和邓涛，以及拉美区原总裁郑良才等领导汇报过工作，这些工作经历让我对华为全球化有了大量一线的观察与深入理解。但即便如此，我也丝毫不敢妄自尊大，指点江山。

本书通过我的亲身经历与感受，尝试解读华为全球化的历程与成功经验，但愿能管中窥豹，可见一斑，可供那些计划出海或者正在国际化的企业借鉴。横看成岭侧成峰，文中观点仅代表个人观点，不代表华为官方观点，也希望大家千万不要僵化地直接照搬华为经验，而应因地制宜，活学活用。

华为 CEO 任正非说过，一个人一辈子能做成一件事就已经很不简单了。中国企业全球化是我心中的一座殿堂。1996—2000 年在苏州读大学期间，我充分感受到了苏州招商引资和融入全球化日新月异的过程，产生了出国留学的梦想，毕业后先去了拉美的墨西哥，学习了西班牙语，之后又到德国读研。学习结束后我没有选择留在德国工作，而是选择去了法国枫丹白露的欧洲工商管理学院做中国企业国际化的研究。这主要是为了进一步增加自己国际化的经历，并学习法语。

2002 年，我在索尼欧洲高科技中心工作时，部门有一位非常不起眼的日本老头，大家都叫他伊藤先生。每个人都对他特别尊重，和他说话时，一向高傲的德国人也都会彬彬有礼，有事没事地过去和他聊聊天。但伊藤为人非常低调，从来不多说话，也不担任重要的管理职务，部门没有人向他汇报工作。他总是第一个到公司，也经常加班到很晚。印象中他经常穿着一件非常旧的索尼制服，仍然用着一个非常旧的贴有索尼标签的茶缸喝咖啡。2003 年 3 月，他要被调回日本东京总部工作了。在部门欢送会上，他激动地流下了眼泪，哭着对大家说："我在索尼工作了 35 年，当我加入索尼的时候，索尼还是一个'tiny company'（非常小的公司），后来我可以在德国这样发达的国家工作，感到非常高兴。而索尼能成为这么一家全球化的公司，我更加感到非常自豪！"

他说的每句话都那么清晰地印入我的脑海，也几乎一字一句地被我写进了日记中。对索尼，他用了"tiny"这个英语单词。在索尼的那段时间里，很多欧洲同事不认识我，但在办公室见了我都非常热情，给我刷门禁、开门，教我怎么用咖啡机，甚至经常用日语向我问候，例如"早上好""谢谢""再见"等等。我非常清楚，他们都以为我是日本人，这其实让我内心非常不舒服，民族自尊心也很受触动。中国人在海外的自信，一方面来自背后的国家，另一方面就来自自己的民族品牌。国与国的竞争首先就是企业与企业的竞争，当时的我在内心告诉自己：什么时候我能为一家真正全球化的中国公司工作，我将自豪地为之奋斗终生！

2004 年 9 月 6 日，我受邀在柏林 EGG（电子走向绿色化）国际研讨会上发言。华为是当时唯一参会的中国企业，前来参会的华为代表王宏有对我说："华为也需要你这样的人啊！你来华为看看吧！"9 月 22 日，我第一次来到华为深圳的坂田基地。我完全没有想到，中国竟会有这么"高大上"的一家高科技企业存在，上网一查才发现：2003 年，华为的销售额是海尔的 2 倍，但利润却是海尔的 10 倍，华为全球销售同比增长 42%，达到 317 亿元，其中，海外销售 10.5 亿美元，同比增长 90%，华为产品已经覆盖到世界五大洲的 40 多个国家和地区。这让我非常震惊，这是一家什么样的公司啊！当时居然还没有多少人知道它！

我幸运地被特招进了华为的全球技术服务部。刚加入华为的几年中，我确实感觉它挺"土"的，很多次都想离开，但在经历了一段时间的不顺后，我却总能在快速发展的华为里找到新的岗位。我多次离开自己的舒适区，转岗跨了华为好几个体系，从全球技术服务部到运作支撑部（现流程与 IT 管理部），2007 年到欧洲行政管理部（内部服务管理部），2009 年调到西班牙电信系统部（海外销售）。在 2013 年 4 月换工号期间，利用那个假期，我在美国参加哈佛中国论坛，突然意外得知自己必须被调离喜欢的欧洲区到非洲工作，当时第一反应就是这次只能离职了（当时很多欧洲干部一被任命去非洲就离职了）。但经过反复思考，我最后还是选择了去拉美的智利代表处，我的两个孩子都是在智利出生的，这也让我的国际化人生变得更加完整。

我在华为海外市场连续工作了 13 年，并先后供职于法国、英国、德国、西班牙、智利等多个国家，曾是华为全球化过程中平台搭建的亲历者，也是其海外战略项目的操盘手，还是华为文化和中华文化的传播者。在这个过程中，我有三个最大的感受：

第一个感受，可以用一个"快"字来形容。2007—2009 年，我曾担任华为欧洲的行政主管。当时华为欧洲的业务在飞速发展，到处攻城略地，项目突破的喜报频传。各代表处平台的搭建，从来没有一个能够跟得上业务发展的步伐。我经常会接到电话，罗马的办公室不够了，巴黎的办公室也不够了，去见客户的车子也不够了，请求地区部的行政部门派人支援……宿舍永远都是不够的，员工总是抱怨，白天为公司劳累奔波，晚上还要睡客厅的沙发或睡袋。当这几项工作解决得差不多了，公司又发文说，凡是超过 50 个人的代表处都必须建食堂，保障员工可以吃到可口的饭菜，于是我们又开始筹建食堂。在华为的快速发展过程中，不仅业务快速突破，平台的搭建也是突飞猛进的。

第二个感受是"没想到"。2010 年，我从行政线转为西班牙电信销售线担任客户经理后，在一年时间里完全没有找到感觉，很想离开华为回国发展。我当时的主管老陈（Pablo Chen）找我谈话，说他刚回总部参加了公司的市场大会，老板（任正非）在会上为大家鼓劲，说未来公司要用 10 年左右做到 1000 亿美元规模。当时华为的总营收大概为 200 多亿美元，而当时的欧洲正处在经济危机中。因此我个人认为，这个目标肯定是不可能实现的。如果说华为在 2018 年总营收超过 1000 亿美元是我没有想到的，那么我更没有想到的是，2019 年 4 月 3 日，任正非在华为消费者 BG"军团作战"誓师大会上，给华为定下了目标：消费者 BG 2023 年要达到 1500 亿美元的销售收入，而整个公司会做到 2500 亿~ 3000 亿美元规模。

第三个感受是"华为改变了世界对中国制造的看法"。古斯塔沃（Gustavo）曾是西班牙电信拉美的 CTO，2019 年年初，我到他智利的家中做客。退休生活让他有足够的时间去思考，他说华为在通信行业引领了全球，结束了西方人的技术垄断，也彻底改变了高科技行业对中国制造的看法；同时中国的发展也太快了，当初华为拓展西班牙电信的时候，大家普遍认为中国制造就是低质低价，选择与华为合作不会有好的商业价值，但事实证明，中国人的勤劳、好客和智慧在华为人身上得到了完美的体现。华为既改变了大家的认知，也为西班牙电信这样的跨国运营商客户创造了成功的商业价值。

在华为的这段奋斗经历对我的人生影响巨大而深远，让我伴随着华为的成长收获了很多。例如全球化的"格局"，说干就干的"执行力"，"开放"的心态，"一杯咖啡吸收宇宙的力量"的学习精神，还有做事的"妥协与灰度",等等。更让我引以为荣的是,2007—2009 年,我搭建了欧洲总部杜塞尔多夫的行政平台,并复制经验到欧洲各国;2011 年,我搭建西班牙电信慕尼黑的销售组织,建立了华为与西班牙电信全球采购中心良好的客户关系,获得了公司个人金牌奖;2014 年,我带领团队拿下了智利西班牙电信 LTE(长期演进)搬迁项目,奠定了智利代表处运营商业务转折的基础;2016 年,在公司战略投入的 IT 新领域,我带领团队突破了全球第一个 SAP HANA 项目、全球最大的 Falabella 公有云项目,因而获得了公司的总裁嘉奖令,我还获得了华为海外连续工作 10 年的"天道酬勤"金牌。我非常感恩华为的奋斗历程,让我有机会参与及见证了华为在海外的快速成长;有机会与国际通信巨头过招,并与全球顶级运营商客户的高层们谈笑风生;有机会与华为那么多优秀的同事为伍,并从徐文伟、余承东、徐钦松和邓涛等优秀的领导者身上学习到了很多。

这本书也想献给那些长期远离家人,过去、现在和将来奋斗在海外第一线的华为将士及其家属。全球的华为人在谱写中国企业全球化的历史,他们当之无愧是这个时代最可爱的人!

时代在呼唤越来越多的中国企业走向全球化,拥有华为一样的全球竞争力,希望此书可以为后续出海的中国企业提供全面的经验参考。2019 年,我创立了出海远民企业管理咨询有限公司,聚集了很多原华为海外市场的高管,希望可以继承华为在全球各区域的一线拓展经验,进一步为中国企业提供体系化的出海支撑!

在此也特别感谢我家人的全力支持,让我得以在结束 18 年的海外奋斗后,回到家乡常州,安心完成创作,陪伴孩子度过一个愉快的夏天。

2019 年 10 月 6 日
陈攀峰于常州家中

01 华为全球化的现状

第一节　中国企业全球化与"一带一路"　/ 003
第二节　中美贸易争端中的华为　/ 009
第三节　华为全球化的现状　/ 013

02 华为全球化的理念与阶段

第一节　任正非的全球化战略思维　/ 021
第二节　华为全球化的理念　/ 026
第三节　华为全球化的五个阶段　/ 038

03 华为进入全球市场的历程

第一节 华为全球化的准备工作 / 047

第二节 俄罗斯市场 / 052

第三节 拉美的巴西和墨西哥市场 / 056

第四节 非洲市场 / 060

第五节 欧洲市场 / 068

第六节 美国市场 / 074

04 华为全球化的成功经验

第一节 全球化的企业文化体系 / 083

第二节 全球化的管理体系 / 089

第三节 全球化的产品研发体系 / 100

第四节 全球化的人才管理体系 / 110

第五节 全球化的服务体系 / 119

第六节 全球化的销售策略（运营商） / 131

第七节 全球化的品牌策略（消费者） / 145

第八节 全球化的渠道策略（企业） / 155

第九节 全球化的商务策略 / 164

第十节 全球化的财务管理 / 170

第十一节 全球化的公共关系 / 176

第十二节 全球化的合规运营 / 182

第十三节 全球化的跨文化管理 / 186

第十四节 全球化的导向冲锋的激励 / 194

第十五节 全球化的平台选址与搭建 / 204

05　华为的全球化之路

第一节　华为与索尼、三星全球化的对比　/ 219
第二节　华为全球化之路的挑战　/ 222

后记　/ 230

01
华为全球化的现状

第一节 中国企业全球化与"一带一路"

中国企业作为中国走向全球化的主要推手，不仅担负着推动中国崛起的历史使命，更是参与和加速了中国全球化进程，加深了中国与世界的联系。

从 1978 年国内市场经济几近空白的艰难起步，到 2001 年加入世界贸易组织（WTO），再到 2010 年中国国内生产总值（GDP）（41.21万亿元）超越日本，成为世界第二大经济体；至 2013 年中国货物进出口总额达 4.16 万亿美元，跃居全球第一；到 2015 年中国对外直接投资（ODI）首次超过中国实际使用外资（FDI），成为双向直接投资项下的资本净输出国。中国企业也逐渐完成了从青涩到成熟，从发轫于国内一隅到参与国际市场产业链、价值链甚至资本链角逐的转变。

中国企业全球化的几个阶段

回顾 40 多年来中国企业的发展历程，中国企业"走出去"经历了四个阶段[1]：

第一个阶段为 1978 年至 1991 年，以"改革开放"作为标志性起点，中国的市场经济企业从无到有，为新中国的社会发展提供动力。国有企业探索改革之路，民营企业如雨后春笋拔地而起，外资企业则伺机进入中国。据不完全统计，从 1979 年到 1989 年，共有超过 2.1 万家外资公司在中国开业，它们既为中国企业的发展提供了学习模板，也为中国企业日后"走出去"做出了示范。

第二个阶段为 1992 年至 2000 年，以邓小平南方谈话之后确立的"建立社会主义市场经济体制的改革目标"作为标志性起点，中国企业逐渐走出国门初试身手。彼时，经济全球化浪潮兴起，中国企业全球化意识逐渐觉醒。20 世纪 90 年代中后期，国家提出"走出去"战略，先后采取一系列优惠政策和措施，鼓励中国企业走出国门，开拓海外市场。据联合国贸易与发展组织统计，1991 年中国企业对外投资进入 10 亿美元时代，经过 1992 年、1993 年两个小高峰后略有回落，整个 90 年代对外直接投资达到年均 23 亿美元的水平。

第三个阶段为 2001 年至 2007 年，以中国加入 WTO 作为标志性起点，中国企业大踏步"走出去"参与全球化竞争。2004 年 7 月，国务院正式出台《关于投资体制改革的决定》，取消了实施多年的企业对外投资审批制，为中国企业"走出去"参与国际竞争，提供了更为便利的政策环境。中国企业对外投资开始出现爆发性增长，大量企业纷纷走出国门，在世界市场上与国际企业同台竞争。

第四阶段为 2008 年至今，以源自华尔街进而波及全球的金融危机作为标志性起点，中国企业的全球化战略全方位、宽领域发展。中国政府在对外投资方面采取了国际国内"双管齐下"的方式，以

---

[1]　王辉耀：《四大阶段支撑中国企业全球化之路》，《北京青年报》，2018 年 12 月 30 日。

开放与合作的态度不断融入全球经济体系。中国企业抓住机遇，实现了跨越式发展，进而在全球经济发展格局中扮演越来越重要的角色。

从无到有，从小到大，从大到强，改革开放40多年的历史，既是中国企业的自我成长史，也是其不断融入全球化的历史。历经这四个阶段的中国企业，如群星闪耀般登上了世界经济的舞台。《财富》杂志公布的"2019年世界500强企业榜单"显示，中国企业上榜数量达到129家，首次超过美国（121家），成为全球上榜企业数量最多的国家！这标志着中国企业的发展步入了一个新的历史阶段！

"一带一路"为企业全球化带来的新机遇

跨入新时代，"一带一路"又是中国迈向全球化的一个重要举措。

2013年9月和10月，中国国家主席习近平在出访中亚和东南亚国家期间，先后提出共建"丝绸之路经济带"和"21世纪海上丝绸之路"的重大倡议，得到国际社会高度关注。

"丝绸之路经济带"涵盖东南亚和东北亚经济整合，并最终融合在一起通向欧洲，形成欧亚大陆经济整合的大趋势；"21世纪海上丝绸之路"从海上连通欧亚非三个大陆，与前者形成一个海上、陆地的闭环，合称"一带一路"倡议。

2013年至2018年，我国企业对"一带一路"沿线国家直接投资超过900亿美元，年均增长5.2%；在沿线国家新签对外承包工程合同额超过6000亿美元，年均增长11.9%。中国企业在"一带一路"沿线国家建设了一批境外经贸合作区，累计投资超过300亿美元，成为当地经济增长、产业集聚的重要平台，带动东道国就业近30万人。与此同时，我国与"一带一路"沿线国家货物贸易总额超过6万亿美元，年均增长4%，高于同期中国对外贸易增速，占我国货物贸易总额的比重达到27.4%。

截至2019年3月底，中国政府已与125个国家和29个国际组织签署173份合作文件。共建"一带一路"国家已由亚欧延伸至非洲、拉美、南太等区域。

投资贸易合作是"一带一路"建设的重点内容，中国政府着力研究解决投资贸易便利化问题，消除投资和贸易壁垒，构建区域内和各国良好的营商环境，同沿线国家和地区共同商建自由贸易区，激发释放合作潜力，做大做好合作"蛋糕"。

中国改革开放是当今世界最大的创新，"一带一路"作为全方位对外开放战略，强调共商、共建、共享原则，超越了马歇尔计划、对外援助及"走出去"战略，给21世纪的国际合作带来新的理念。而这一全新的政策，给中国企业带来了前所未有的全球化机遇与挑战。

任重而道远的中国企业全球化

近年来，随着中国企业开始大规模走出去，中国跨国公司的海外资产、海外销售和海外员工数量不断增加，中国最大的100家跨国公司的跨国指数（海外资产、海外销售与海外雇员占总资产、总销售和总雇员之比例的平均数）从2011年的12.24%提升到2018年的15.80%，但与联合国贸发组织《世界投资报告》中2018年全球最大的100家跨国公司的跨国指数66.1%相比，仍相差巨大。跨国指数低，意味着企业整合全球资源的能力低，企业价值链主要是国内价值链，而不是全球价值链。这说明中国的跨国公司还处在全球化的初级阶段。

《哈佛商业评论》报道，企业全球化要经历五个不同阶段，分别是：出口型、初期扩张型、国际型、跨国型、全球型。[①]目前，大多数中国企业尚处于初始阶段，要实现真正的全球化还任重而道远。

什么是全球化企业？它们应该在全球范围内整合各种资源，在全球最适合的地方投资设点，面对全球市场提供产品和服务。这方面有一个很简单的指标，就是公司的地域分布和海外营业收入占全部收入的比例。另外，全球化企业应该从组织结构、企业文化、管理体系等方面呈现全球化，尤其要建立有效的全球化人力资源管理体系。

在经济全球化的背景下，中国企业全球化面临的巨大挑战主要包括：企业国际化经营管理水平较低，缺少全球战略，执行力差，面对国际巨头时竞争优势不突出；缺乏全球化经营的资本和人才；缺乏强有力的品牌；缺乏跨文化管理经验；缺乏全球化合规运营和风险管控能力；一些国家政府以国家安全为由设置的投资与并购壁垒；等等。

如表1-1所示，2019年中国企业世界500强入榜企业数量第一次超过了美国，但是品牌100强却远远落后，上榜企业只有华为1家。作为中国企业全球化的代表，华为无疑为国内企业界树立了标杆。

表1-1　2019年中美入榜企业数量对比

	中国	美国
2019年《财富》全球企业500强	129	121
Interbrand "2019全球最佳品牌排行榜"	1	52

[①] 李全伟：《如何才能成为真正的"全球化"企业？》，《哈佛商业评论》，2016年7月22日。

2005 年，华为的海外营收占比第一次超过了 50%（最高为 75%）。截至 2019 年 10 月底，华为在全球拥有 19.4 万名员工（本地化率达到 75%），业务遍及 170 个国家和地区，服务 30 多亿人。

2015 年 1 月 22 日，身穿白衬衫、黑西装，系着蓝色斜条纹领带的任正非，出现在瑞士达沃斯世界经济论坛。他以前来过几次，但这次没有像往年一样坐在台下，而是走到了会场中间，在聚光灯下直面英国广播公司（BBC）的主持人，直面台下来自全球各地的媒体、企业家、投资人，直面全世界的审视与好奇。无论是个人创业经历、家庭背景还是华为的业务增长，甚至网络安全等敏感话题，任正非均以一口带着贵州地方口音的普通话——作答。[①] 当被问及国际化与全球化是否有区别时，任正非的回答是："有，而且区别很大！我们支持全球化，因为世界经济走向全球化以后才能有效地提高资源利用率。"华为的设备销售给全球 170 多个国家，但任正非并不喜欢"国际化"的说法，他更愿意别人将华为当作一家全球化的公司。至少从 2010 年起，华为内部已经不再使用"国际化"这个词了。任正非是从中国本土生长出来的第一个真正具有全球化思维的企业家，他认为国际化是以中国为中心，指的是中国人往外走；而全球化是以世界为中心，利用全球的优势资源为全球市场服务。

不断增长的国内市场是造就中国大企业的土壤，但中国企业若想做强，则必须走向全球竞争的全球化之路。无论是经济全球化的趋势所向，还是"一带一路"倡议，都为中国企业的全球化提供了一个千载难逢的时机！时代在呼唤越来越多的中国企业走向全球化！

---

① 章敏：《任正非说华为：从征服欧洲到征服全球》，《财新传媒》，2015 年 2 月 9 日。

第二节 中美贸易争端中的华为

2019 年 3 月 29 日，华为公布了 2018 年财报。2018 年总收入 7212 亿元（按实时汇率，约合 1070 亿美元），同比增长 19.5%，净利润 593 亿元，同比增长 25.1%。这是华为首次全年营收超过 1000 亿美元，它也成为国内首家年营收破千亿美元的硬件公司。值得关注的是，华为海外营收总计 3490 亿元，占总营收的 48.4%，且海外营收的增速高于国内。这意味着华为基本实现了海外营收对国内营收的"逆袭"，成为到目前为止全球化程度最高的中国企业之一。

从表 1-2 中可见，华为在各个领域已经与大部分美国顶级的高科技企业形成强有力的竞争，以一己之力对抗美国的众多科技企业巨头。这就是华为的强大之处，也是让美国害怕之处。

表 1-2　华为与美国高科技企业的竞争一览表

	美国企业名称	竞争领域	潜在中国竞争企业	范围
1	Apple	计算机 / 办公设备	华为	全球
2	Alphabet	互联网服务和零售	百度	华人
3	Microsoft	计算机软件		
4	Amazon	互联网服务和零售	阿里、京东、华为	华人
5	Facebook	互联网服务和零售	腾讯	华人
6	Intel	半导体 / 电子元件	华为	全球
7	Oracle	计算机软件		
8	Cisco	网络通信设备	华为	全球
9	IBM	信息技术服务	华为	全球
10	eBay（+Paypal）	互联网服务和零售	阿里、京东、华为	华人
11	NVIDIA	半导体 / 电子元件	华为	全球
12	Broadcom	半导体 / 电子元件	华为	全球

续表

	美国企业名称	竞争领域	潜在中国竞争企业	范围
13	Texas Instruments	半导体/电子元件	华为	全球
14	QCOM	半导体/电子元件	华为	全球
15	Priceline	互联网服务和零售	携程	全球
16	NetFlix	互联网服务和零售		
17	Salesforce	互联网服务和零售		
18	HP	计算机/办公设备	联想、华为	全球
19	TSLA	电子/电器设备		
20	VMWare	计算机软件	华为	全球

就在华为以创历史新高的业绩震惊全球企业界的同时，随之而来的另一事件却震惊了全球政商两界。2019年5月15日，美国商务部将华为及其68家附属公司列入"实体清单"，限制相关企业与华为的技术合作；8月19日，又决定将"临时通用许可"再延长90天，再次推迟针对华为及其附属公司现有在美产品和服务所实施的交易禁令，以避免禁令对美国消费者造成不利影响。获得"临时通用许可"的美国企业可向华为及其非美国附属公司出口、再出口和转让"特定"和"有限的"产品或技术。与此同时，美国商务部将另外46家华为附属公司也列入"实体清单"，并且立即生效。其实早在2018年8月，美国总统特朗普就签署了《2019财年国防授权法案》，该法案第889条要求，禁止所有美国政府机构从华为购买设备和服务。

2018年12月1日，华为首席财务官（CFO）孟晚舟在加拿大温哥华被扣留，美国向加拿大要求引渡她。美国指控，孟晚舟在涉及伊朗的交易中误导跨国银行，使后者面临违反美国制裁规定的风险。而令全世界哗然的是，特朗普表示，孟晚舟一案可能成为中美谈判的一部分，如果他觉得情况对谈判有利，他可能会出面对司法部进行干预。华为以一种特殊的方式成为中美贸易摩擦中的焦点，也被中国人民树立为中国企业的标杆、民族的骄傲。有网友评论道："普通公司的竞争对手是另一家普通公司，而伟大公司的对手则是这个星球上的头号强国！"

在这一特殊时期，一向低调、几乎从不接受媒体采访的华为CEO任正非频繁与西方媒体见面。即使在其女儿孟晚舟还被扣留在加拿大的逆境之中，面对西方记者的咄咄逼人，他仍充满自信和乐观，不禁让人领略一位真正的领导者、一位伟大的企业家的胸襟与情怀。他认为："华为就是个商品，你喜欢就用，不喜欢就不用，不要和政治挂钩。"甚至乐观地认为："在华为未来发展中，最兴奋的是美国对我们的打压。"美国的种种打压行为可能是华为至今为止最成功的"广告"——华为已经强大到让美国害怕，认为华为拥有先进的、连它都害怕的产品，这不就是全球最好的吗？于是，一些产品不需要测试就来了订单，合同增长很快。

7月底公布的2019年上半年财报印证了这一点。伴随部分西方国家变本加厉的阻截，在这个被外界称为"艰难时刻"的上半年，华为依然表现出色：实现销售收入4013亿元，同比增长23.2%，净利润率8.7%。其中，运营商业务收入1465亿元，企业业务收入316亿元，消费者业务收入2208亿元。

华为公司董事长梁华表示，2019年上半年，华为业务运作平稳、组织稳定、管理有效，各项财务指标表现良好，实现了稳健经营。"5月之前，华为收入增长较快，'实体清单'之后，因为存在市场惯性，也取得了增长。华为面临的困难依然很大，这些困难，可能会暂时影响我们的前进节奏，但不会改变前进方向，我们对未来充满信心，会持续投资未来，计划2019年对研发投入1200亿元。相信在克服短期困难和挑战以后，华为会进入一个新的发展时期。"

"伟大的背后都是苦难"

2019 年 7 月 31 日，华为举行"千疮百孔的烂伊尔 –2 飞机"战旗交接仪式，任正非在仪式上做了题为《钢铁是怎么炼成的》的讲话。他在讲话中表示，华为终端业务"油箱"被打爆（芯片是发动机，生态是油箱），还来不及建立起生态，可能会遭遇艰难的"长征"；从目前的情况来看，公司有信心全面补好"烂飞机"上的"洞"，承受美国的打击。华为这个"二愣子"经历一个全球最强大的国家机器的疯狂打压还没有死，活下去就是胜利，不要追求财务高指标。

为迎接艰难挑战，任正非强调，要打造一支铁军，用 3~5 年时间完成队伍的思想改造、组织建设及让优秀员工走向合理的岗位，建造一支在"炮弹"和"糖弹"下都战无不胜的队伍，"过去我们是为了赚点小钱，现在是为了战胜美国，我们一定要有宏大心胸，容纳天下人才，一起来进行战斗"。

2019 年 8 月 20 日，任正非在华为园区接受采访时表示："鉴于美国政府目前的政治氛围，我不认为美国会放松出口限制。美国'实体清单'对华为是有帮助的，因为它使得我们战略更清晰，砍掉边缘不重要的产品，把力量汇聚到主航道上来。在特朗普打击我们之前，华为应该是一盘散沙，美国一打击，我们就被激活了。感谢特朗普激活了我们的组织。"

面对特朗普总统动用举国之力猛烈地打击华为，华为反而把它当成了自己的动力，沉着冷静地化解这一风暴。华为到底是怎么做到这些的？它又有哪些值得学习之处？我们需要走进并了解一下真正的华为全球化。

第三节 华为全球化的现状

华为由任正非先生创立于 1987 年，总部位于中国深圳，是全球领先的 ICT（信息与通信技术）基础设施和智能终端提供商，致力于把数字世界带给每个人、每个家庭和每个组织，构建万物互联的智能世界。

华为全球化现状

2018 年，华为的总营收首次超过千亿美元，其中 48.4% 来自海外市场。欧洲、中东和非洲占比 28.4%，亚太占 11.4%，美洲占 6.6%，其他地区占 2%。华为的业务遍及 170 多个国家和地区，已成为最高科技、最全球化的中国企业，在 2019 年《财富》杂志世界 500 强排行榜中位列第 61 位。

华为的整体业务版块划分为三大 BG。在 2018 年度总营收中，消费者业务占 48.4%，运营商业务占 40.8%，企业业务占 10.3%。在这里先简单介绍下三大业务端口的智能划分。

运营商 BG：公司面向运营商客户的管理和支撑组织，对解决方案进行营销、销售和服务。针对不同客户的业务特点和经营规律提供创新、差异化、领先的解决方案，并不断提升公司的行业竞争力和客户满意度。

企业 BG：面向企业 / 行业客户的管理和支撑组织，对解决方案进行营销、销售和服务。企业 BG 的新定位是 "Huawei Inside"，通过 "无处不在的联接 + 数字平台 + 无所不及的智能"，致力于打造数字中国的底座，成为数字世界的内核。

消费者 BG：公司面向终端产品用户（个人）的端到端经营组织，

由原有的华为终端、华为互联网业务部、华为手机应用商店、华为云计算终端设计部、海思手机芯片部整合而成。消费者业务目前是华为最核心的业务，产品全面覆盖手机、个人电脑和平板电脑、可穿戴设备、移动宽带终端、家庭终端和消费者云等，是目前全球第二大智能手机厂商。

技术领先一直被华为推崇至极。华为高速发展的背后，正是坚持将每年收入的 10% 以上投入研发，将其转化成在网络、IT、智能终端和基础研究的各个领域内的强大竞争力，以及向客户持续提供创新产品和高效服务的卓越能力。欧盟委员会公布的 2018 年欧盟工业研发投资排名榜单显示，华为已经成功超越苹果、微软，成为全球研发投入第四多的科技工业公司，过去 10 年累计研发投入达到 4850 亿元。公司超过 45% 的员工为研发人员，数量约为 8 万人。高额的研发投入，带来的是数量巨大的专利技术。据统计，向欧洲电信标准化协会声明的 5G 专利中，有 103 族 Polar 码（极化码）的声明标准专利，其中：华为族数最多，占总数的 49.5%，排名第一；爱立信则排名第二，占比 25.2%。

与专利数量遥遥领先相呼应的，是华为业绩的一路高歌，而反映在《财富》杂志世界 500 强排行榜中的则是排位越来越靠前（见表 1-3）——2010 年，华为首次进入世界 500 强榜单，位列第 397 位；至 2019 年，在短短的 9 年时间之内，华为就提升到了第 61 位，成为中国民营企业排名最靠前的科技企业。而有意思的是，华为多年的竞争对手爱立信在 2018 年恰好位列世界 500 强的最后一名，而另一个竞争对手高通则被挤出了榜单。与其他位列世界 500 强的中国企业不同的是，华为的全球化程度（海外营收占比）是最高的，这得益于华为早年便已实施的"走出去"战略。

表 1-3　华为在世界 500 强的各年度排名

年份	2010	2011	2012	2013	2014	2015	2016	2017	2018	2019
排名	397	351	351	315	285	228	129	83	72	61

　　如表 1-4 所示，2005 年时，华为的海外销售收入占比达到 58%，第一次超过了中国区的收入，这标志着华为成为一家全球化的公司。2008 年，华为海外销售收入占比达到 75%，而事实上这也是华为整个发展过程中海外收入最高的一年。根据 2018 年的财报，华为海外销售收入占比回落至 48.4%（但这一数值仍然超越了很多同样实施全球化战略的中国企业）。

表 1-4　2005—2018 年华为中国与海外区域维度及收入占比

单位：亿元

年份	国内销售收入	海外销售收入	总销售收入	海外收入占比
2005	223.86	309.14	533	58%
2006	250.25	464.75	715	65%
2007	291.20	748.80	1040	72%
2008	366.97	110.092	1467.90	75%
2009	590.38	900.21	1490.59	60%
2010	647.71	1204.05	1851.76	65%
2011	655.65	1383.64	2039.29	68%
2012	735.79	1466.19	2201.98	67%
2013	827.85	1562.40	2390.25	65%
2014	1088.81	1793.16	2881.97	62%
2015	1676.90	2273.19	3950.09	58%
2016	2365.12	2850.62	5215.74	55%
2017	3125.32	2910.89	6036.21	50%
2018	3721.62	3490.40	7212.02	48%

华为的全球化布局

为了有效利用全球资源，经过 20 多年的筹划，华为组建了全球范围内的多个地区部总部和运营中心，主要包括如下：

1. 地区部行政中心

华为全球总部：中国深圳坂田

华为独联体总部：俄罗斯莫斯科

华为亚太总部：马来西亚吉隆坡

华为中东北非总部：阿联酋迪拜

华为南非总部：南非约翰内斯堡

华为西欧总部：德国杜塞尔多夫

华为东北欧总部：波兰华沙

华为拉美总部：巴拿马巴拿马城

华为北美总部：美国得克萨斯州普莱诺（Plano）

2. 财务共享中心

马来西亚：吉隆坡财务共享中心

阿根廷：布宜诺斯艾利斯财务共享中心

毛里求斯：岛国财务共享中心

罗马尼亚：布加勒斯特财务共享中心

阿联酋：迪拜财务共享中心

俄罗斯：莫斯科财务共享中心

3. 研发中心

截至 2019 年 10 月 30 日，华为在全球拥有 36 个联合创新中心、14 个研究院 / 所 / 室。

4. 供应链中心

拥有匈牙利欧洲物流中心（辐射欧洲、中亚、中东、非洲等区域）、巴西制造基地、波兰网络运营中心等，提高全球交付和服务水平。

5. 全球技术服务中心

截至 2019 年 10 月 30 日，华为在全球共有超过 19.4 万名的员工，服务全球 170 多个国家和地区，员工本地化率达 75%。华为目前拥有三级技术支持服务体系（TAC/GTAC/R&D），全球"Follow the Sun"服务，3 个全球技术支持中心（罗马尼亚、墨西哥、中国），9 个技术支持中心，"3900+"客户支持服务工程师，可以实现 7×24 小时的快速响应和全天候技术支持服务；设有 9 个全球备件运作中心，"700+"备件库房，能做到快速准确交付；设有 3 个全球业务交付中心（GSDC），4 个管理服务能力中心（COE），45 个培训中心，2 个全球验证中心。

可以说，华为不仅完成了全球化的布局，而且在全球化的市场竞争中取得了骄人的成就，堪称最全球化的中国企业之一。

02
华为全球化的理念与阶段

第一节 任正非的全球化战略思维[①]

先从华为的"备胎计划"说起。

2019 年 5 月中旬，美国总统特朗普宣布紧急状态令，禁止美国公司使用"可能危害国家安全的企业"生产的通信设备。美国商务部同时公布包括华为等中国公司在内的"实体清单"，禁止美国企业未经批准向其出口元部件。这意味着在一段时间内，华为甚至可能无法从美国获得它们想要的材料、芯片，以及在产品中搭载谷歌应用（App）和安卓（Android）操作系统等。

断供，对一家制造企业的打击是致命的，但随后华为海思总裁的一封内部信件给外界吃下了一颗定心丸，一句"所有我们曾经打造的备胎，一夜之间全部转'正'"，让外界不禁为华为的高瞻远瞩感到振奋！在 2012 年华为芬兰研究所开始研发并于 2019 年 8 月 9 日华为开发者大会上正式发布的鸿蒙操作系统，更是对美国"实体清单"禁令的有力回击。那么，华为的"备胎计划"是何时开始的呢？

---

① 根据任正非内部讲话综合整理而成。

　　早在 2012 年 7 月 12 日，任正非在华为"2012 诺亚方舟实验室"专家座谈会上的讲话中就明确提到："我们现在做终端操作系统是出于战略的考虑，如果他们突然断了我们的粮食，Android 系统不给我用了，Windows Phone 8 系统也不给我用了，我们是不是就傻了？同样的，在做高端芯片的时候，我并没有反对你们买美国的高端芯片。我认为你们要尽可能地用他们的高端芯片，好好地理解它。他们不卖给我们的时候，我们的东西稍微差一点，也要能凑合用。我们不能有狭隘的自豪感，这种自豪感会害死我们。做操作系统和做高端芯片是一样的道理。当别人断了我们粮食的时候，备份系统要能用得上。""我们可能坚持做几十年都用不上，但是还得做（芯片），一旦公司出现战略性的漏洞，我们面临的就不是几百亿美元的损失，而是几千亿美元的损失。"具体到如何打造备胎，任正非说："怎么强攻？这个要靠你们说了算，我只能给你们人、给你们钱。我对何庭波说，我给你每年 4 亿美元的研发费用，给你 2 万人。何庭波一听吓坏了，但我还是要给。一定要站立起来，适当减少对美国的依赖。"

　　任正非高瞻远瞩的战略思维一直引领着华为前进的脚步，2012 年就开始打造的备胎一夜转正，面对美国的打压，毫无惧色。2019 年 5 月 21 日，任正非面对记者犀利的问题，毫不避讳地表达了自己的观点，展现了一个中国企业家面对大风大浪的从容淡定。他说："我们也能做和美国一样的芯片，但不等于说我们就不买了。我们不会轻易狭隘地排斥美国芯片，要共同成长。但是如果出现供应困难的时候，我们有备份。"任正非的魄力来自自己的核心技术。华为在全世界有 36 个联合创新中心，拥有数学家 700 多人、物理学家 800 多人、化学家 120 多人，而且人才库还在不断地扩容。美国对华为的禁令对华为最先进的领域不会有多少影响，华为的核心技术部分是完全自主的。华为在令人瞩目的 5G 技术上，有领先对手两三年的自信。

华为在国际舞台上大放异彩，取得了骄人成绩；面对危机，也能从容化解。人们不禁要问：华为商业成功背后的哲学和驱动力是什么？很多人会认为，是因为任正非为华为绘制了成功蓝图。任正非充满激情，努力将公司目标转化成公司愿景，将华为发展成为国际领先企业。在实现公司愿景的过程中，他不断证明了自己的战略规划能力，根据公司面临的挑战适当调整愿景。他的管理中有一点至关重要：虽然他推崇灵活应变的理念，但是从来不会偏离公司的目标和价值观。

任正非能用批判的眼光审视过去的成功，同时识别未来将面临的挑战，这也是为什么任正非在很多国人眼中是一位颇具影响力的商业领袖。任正非制定了最为有效的战略，带领华为通过三个阶段（每个阶段约为 10 年）的发展，让它成长为一家全球领先的企业，这证明了他的巨大影响力和远见卓识。有意思的是，华为在每个发展阶段都会有特定的关注点和战略。①

在第一个发展阶段（1987—1997 年），华为处于创业初期，公司在一片混沌中力图生存下来。要想提供高质量服务，只能靠艰苦奋斗。

在第二个发展阶段（1997—2007 年），华为与 IBM 合作，建立了自己的管理架构。用任正非的话说："混乱得以消除，秩序得以确立。"通过与 IBM 合作，华为学习西方公司的最佳实践，引入了更全球化的产品和研发体系视角。任正非对此有着清晰的认识，因此他要求华为全体员工在工作中采用 IBM 引入的美式实践。他不断

---

① 根据任正非内部讲话综合整理而成。

向员工口头传达这一要求，称有时需要"削足适履"。由此可见，任正非的全球抱负依然是生存与发展。

第三个发展阶段（2007年至今），华为的战略是简化管理，吸引优秀人才，通过有效创新成就客户梦想。任正非曾担心华为第二个发展阶段采取的管理模式会导致决策不够高效，因为与第一个发展阶段相比，第二个阶段的决策周期更长；因此，第三阶段聚焦简化管理，在结构化的管理框架下允许一些混乱，从而激发创新。

华为全球化的成功，也正是因为任正非全球战略思维的卓越引领。他有一些独特的思维观念，值得摘抄如下，与读者分享。[①]

要舍得打炮弹，抢占制高点

"我们现在打仗要重视武器，要用武器打仗。以前因为穷，所以我们强调自力更生，强调一次投片成功，强调自己开发测试工具，现在看来都是落后的方法。"华为要用最先进的工具做最先进的产品，要敢于投入，把天下打下来。华为人一定要在观念上转过来，用先进的测试仪器、先进的工具，用科学的方法来开发、服务和制造。华为人要舍得打炮弹，把山头打下来，这样下面的矿藏都是我们的了。在功放上要敢于用陶瓷芯片，敢于投资，为未来做准备。公司的优势是数理逻辑，在物理领域没有优势，因此不要去研究材料。我们要积极地合作应用超前技术，但不要超前太多。我们要用现代化的方法做现代化的东西，敢于抢占制高点。有的公司无论怎么节约还是亏损，我们无论怎么投入还是赚钱，这就是作战方法不一样。

---

① 以下三篇引自华为内部会议纪要，2013年9月无线业务会议上任正非的讲话《最好的防御就是进攻》，有删节。

高级干部与专家要多"喝咖啡"

高级干部要少干点活儿，多"喝点咖啡"。视野是很重要的，不能老像农民一样，关在家里埋头苦干。过去拥有的知识已经没有意义了，知识不是最重要的，重要的是掌握知识和应用知识的能力和视野。我做过一个测试，让服务员制作榴弹炮，他们之前对榴弹炮完全没有概念，通过上网搜索原理和图纸，之前完全不懂榴弹炮的人瞬间就进入了这个领域。高级干部与专家要多参加国际会议，多"喝咖啡"，与人碰撞，不知道什么时候就能擦出火花。回来写个心得，你可能觉得没有什么，但也许就点燃了熊熊大火让别人成功了，只要我们这个群体里有人成功了，就是你的贡献。公司有这么多务虚会，就是为了找到正确的战略定位。这就叫一杯咖啡吸收宇宙能量。

学会给盟友分蛋糕，用开阔的心胸看世界

有些运营商的整合对华为是有利的，诺基亚和微软的合并对华为也是有利的。诺基亚将成为世界上最有钱的设备制造商，很有可能就从后进走向先进了。微软最大的错误是只收购了终端而没有整体并购诺基亚。光靠终端来支撑网络是不可能成功的，一个孤立的终端公司，其生存是很困难的，所以三星才会拼命反击，从终端走向系统。

威瑞森（Verizon）以 1300 亿美元收购沃达丰（Vodafone）在威瑞森无线的股权，谷歌以 120 亿美元买了摩托罗拉的知识产权，这都不是小事情，意味着美国在未来的 3~5 年将掀起一场知识产权的大战。沃达丰把威瑞森无线的股权卖掉就有钱了，就不会马上把欧洲的业务卖掉了，华为在欧洲就有生存下来的可能。华为要帮助自己的客户成功，否则没有了支撑点，华为是很危险的。

任正非诸如此类的经典话语在华为公司内部层出不穷，比如"公司运转是依靠两个轮子，一个轮子是商业模式，一个轮子是技术创新"，"华为不缺能力，而是缺战略意识"，"在大机会时代，千万不要机会主义，我们要有战略耐性"，"坚持不在非战略机会点上消耗太多的战略竞争力量"。任正非还把"热力学第二定理"从自然科学引入社会科学，表示要拉开差距，由数千中坚力量带动15万人的队伍滚滚向前，"我们要不断激活我们的队伍，防止'熵死'。我们决不允许出现组织'黑洞'，这个黑洞就是惰怠，不能让它吞噬了我们的光和热，吞噬了活力"。

任正非是华为的精神领袖，也是一位伟大的企业战略思想家，他的全球化战略思维为华为全球化取得成功奠定了基础。

第二节 华为全球化的理念

华为的出海是被迫的，是以企业生存为底线的，只为了赢得进一步发展的机会。

1995年，华为在"中国电子百强企业"中排名第26位。当时，国内通信设备市场方兴未艾，华为的市场地位和行业影响力不断上升。然而，从1995年开始的4年里，中国通信市场的竞争格局发生了剧烈变化：一方面，由于当时国际市场的衰退，世界大型电信设备制造商纷纷进驻中国市场，以弥补它们在其他市场的损失；另一方面，20世纪80年代中后期起，国内新生了400多家通信制造类企业，国有企业、民营企业、多种所有制背景的公司纷纷崛起。因此，中国电信市场由原来的产品短缺、供不应求发展到产品严重过剩、竞争日益恶化的尴尬局面，华为也面临着企业发展中的一些重大困境。2000 年，华为制定了 250 亿元的销售目标，但致命的是，电信运营商的建设计划流产，市场大幅度萎缩。在这样的背景下，华为的销售人员全力冲刺，最终也只完成了 220 亿元，仅仅是年度目标的 88%。面对如此窘境，探索一条全球化的出路迫在眉睫。在很多次内部讲话中，任正非坦言，华为发展到一定规模后，要成为一家世界级的企业，尤其是要"走出去"。这绝对不是让华为成为世界第一，而是为了让它赢得生存和发展的机会，从而更好地活下去。

华为对国际市场的拓展沿用了"农村包围城市""先易后难"的策略。首先瞄准的是与深圳总部邻近的香港地区。早在 1995 年，华为进出口部就在香港筹建了一个"华为香港"分公司，负责国际供应链和外汇的结算。华为早期的另一个理念，是向与我国外交关系比较好的国家进行业务拓展，比如东欧国家和俄罗斯。俄罗斯是重点拓展的国家，2001 年的销售额就已经超过了 1 亿美元。

1997 年，华为开始在地球的另一端拓展以巴西为中心的拉美业务；2000 年之后，华为开始在其他区域全面拓展，包括泰国、新加坡、马来西亚等东南亚的国家，同时还有中东、北非等区域。在华人比较聚集的泰国市场，华为持续获得了很多较大的订单，同时也在相对发达的国家例如沙特、南非取得了良好的战绩。这些国家和地区的连战告捷，让华为信心倍增。

2004 年，华为在英国的贝辛斯托克（Basingstoke）设立了欧洲总部，这也标志着华为海外拓展的重点逐渐从亚非拉发展中国家转向了梦寐以求的欧洲高端市场。2007 年，华为在欧洲市场的整体销售额达到了 20 亿美元，并在短短的一年之内即到 2008 年，就已增长到了 30 亿美元，销售对象包含了几乎所有的主要运营商。也就在这一年，华为与欧洲的主流运营商建立了战略合作伙伴关系，包括沃达丰、英国电信、西班牙电信、法国电信、德国电信等。

华为在全球各地攻城略地的同时，始终有一个"痛"，那就是美国市场。尽管华为想了很多办法，怀着学习"美国梦"的心态，与美国公司建立了很多战略合作，但由于美国政府的干涉，华为一直没有规模化地进入美国市场。

总结华为走向全球化过程中所秉持的全球化理念和采用的基本策略，大致有以下几点：从全球化整体战略的角度看，有拒绝机会主义、长期坚守客户、循序渐进、"以土地换和平"等；从市场突破的角度看，有以商务换市场、农村包围城市、以客户需求为中心等；从管理变革的角度看，包括"让听得见炮声的人呼唤炮火"、"班长的战争"等。可以说，这些理念和策略贯穿于华为全球化的全过程，也奠定了华为全球化走向成功的基础。①

拒绝机会主义，长期坚守客户

国内的很多企业在出海的过程中，有很多短期的商业投机行为。例如做一些短期的商品国际贸易挣快钱，不搭建售后服务体系，也不做品牌营销，只希望在一个市场里捞一笔就走。也有企业浩浩荡荡地出海，但在海外遇到拓展困难后就很快打道回府。

但华为把全球化当成一项长期的战略持续地进行。这样做本身也有行业原因，因为通信行业依靠基础设施建设，需要长期的大规模投入，仅靠短期的机会主义很难获得客户的认可。从研发和技术演进的角度来看，华为在2G时代的策略是跟随，到了3G时代是突破，到了4G时代就已经超越了很多西方厂商。而在5G时代，这次中美贸易争端也已经完全体现出，华为全面超越了西方厂商。

从海外各个国家拓展的情况来看，华为坚持了长期坚守客户和

① 本节部分内容根据华为心声社区、华为官网和内刊《华为人》等相关资料整理而成。

服务客户的战略。即使是在爆发战争及自然灾害，一些西方厂商已经撤离的情况下，华为的员工仍然选择坚守岗位，协助客户解决了很多困难。比如2011年利比亚战争期间，华为就没有撤离。无论是政府军所在地的黎波里，还是反政府军所在的班加西，华为当地员工都各自维护着各自地区的网络，用实践证明了对客户的责任。2011年3月11日，日本发生地震和海啸，并引发福岛核泄漏事件。华为员工背起背包，冲向地震、海啸和核辐射的现场，克服万难，用最快的速度协助客户抢修通信设备，恢复通信畅通。

循序渐进

华为的出海是分阶段、分步骤、有计划的。例如区域拓展的步骤是先易后难，先从俄罗斯、拉美和东南亚地区开始，再到非洲地区，最后到欧美；在一个区域内也不是全面铺开，而是先选取目标国家探路播种，哪个国家开花了，就在那里建立一个根据地，再辐射周边国家；在产品销售方面，虽然华为产品线很全，但初到一个国家，拓展客户时往往会选取最优质、最贴合客户需求的主打产品进行突破，先建立起质优价廉、产品好、服务好的形象，而不是把大而全的解决方案推给客户进行全面进攻；在海外代表处布局上，华为并不是一下子就在海外国家建立代表处，往往是先有单再有人，人多了有了项目，才建立代表处。

2006年，笔者在西班牙代表处出差，和当地的同事一起吃午餐。记得有一个叫玛丽亚的本地员工说，华为和西方厂商都在投一个沃达丰的重要无线项目，西方厂商（如爱立信）两年前就已经招聘了成熟的团队，有100多人，项目组兵强马壮，都在准备投标方案，甚至已经在招聘中标之后的交付团队了。再看看华为的项目组，只有少数几名本地员工来自华为西班牙代表处，很多中方员工是临时出差人员，其中包括了欧洲地区部的产品营销、商务和法务等方面的专家，总部产品线的研发专家。大家临时聚集到一起，全力以赴以求拿下这个项目。只有等拿下了项目之后，华为才会快速地招人和搭建办公室。这个项目最后的结果是华为中标了，于是华为的西班牙代表处为配合项目而招兵买马，并在这之后逐渐成为欧洲地区部重要的一个大代表处。

事实上，华为和客户的合作也是循序渐进的。2003年起，华为就和沃达丰进行持续沟通，两年多之后才通过其供应商认证，并在2005年达成了战略合作协议。但是一直到2006年6月，沃达丰才把西班牙子网30%的份额给了华为。这与其说是一次商业合作，不如说是对华为实力的一次检验。当然，华为也抓住了这次机会，凭借自己的网络质量和快速反应能力获得了沃达丰高层的认可。紧接着，沃达丰就把给华为的西班牙子网份额提高到了70%，而且把马德里、巴塞罗那等重要城市的份额都给了华为。后来，沃达丰又把希腊、奥地利、冰岛、罗马尼亚等很多重要国家子网的战略项目给了华为，使华为真正成为其战略合作伙伴。

土地换和平

"土地换和平"这个说法是以色列前总理拉宾提出来的。在华为全球化的过程中，任正非越来越意识到，开放与合作是企业之间的大趋势。未来的世界必然是你中有我、我中有你的。华为把竞争对手统称为"友商"，就是为了以一种虚心的心态向它们学习，并在学习的过程中提升自己的能力。

华为宁可放弃一些市场、一些利益，也要和友商共同营建一个良好的生存空间，共享产业链的利益，也就是所谓的"在竞争中合作，在合作中竞争"。2003年11月17日，华为与美国的3Com联合宣布成立华为3Com，共同经营数据通信产品的研究、开发、生产和销售业务。华为以低端的数通技术占51%的股份，3Com出资1.65亿美元，占了49%的股份。2004年年初，3Com把研发中心移到中国，实现了成本的降低；而华为也成功地利用3Com世界级的网络销售渠道来销售华为的数通产品，大幅度提高了华为产品的销量，实现了优势互补、互惠互利的大好局面。同时，华为也积累了资本运作的经验，培养了全球化的人才，开创了公司全球化合作的新模式。

2004年2月12日，华为又与西门子成立TD-SCDMA的合资公司，公司总投资超过1亿美元，西门子占51%，华为占49%。若没有这次合作，就不可能看到中国的3G标准TD-SCDMA，这一标准后来也发展成为世界三大3G标准之一。

毫无疑问，如果没有与业界友商摩托罗拉、思科、3Com、西门子、NEC、松下、德州仪器等的一系列合作，华为就不可能有现在在全球市场上取得的成绩。

灵活商务抢市场

中国的厂商走向世界，首先遇到的困难就是西方客户不认可。对于发展中国家，他们往往缺乏信心，认为华为不可能制造出电信设备这样的高科技产品。所以，华为运用了"低价"这样一个在市场拓展早期非常必要的敲门砖。

西班牙电信在欧洲和拉美地区几乎所有国家都有子网，因此是华为最早拓展的战略客户之一，现已成为华为海外的第二大客户。在华为拓展初期，西班牙电信恰好有一个大型的无线项目招标，华为参与了竞标。当时西班牙电信内部对华为的争议非常大，最终的决策甚至上升到了董事会。大部分的高管认为，坚决不能让一个中国厂商参与这么重要的网络升级改造项目，因为华为没有成功的交付经验，应该选择爱立信、诺基亚等欧美厂家。

据西班牙电信全球采购中心的一位高管透露，当时的集团采购部力挺华为，认为华为的价格几乎只有欧美厂家的一半，符合他们投资预算大幅削减的需求。由此，华为获得了一次难得的机会。事实也证明，华为不辱使命。经过10多年的合作，2016年左右，华为已经成为西班牙电信集团最大的网络设备供应商。所以说在市场拓展早期，灵活的商务策略是非常有必要的，采购部也曾是华为重要的领路人。

农村包围城市

农村包围城市的理念是伟大领袖毛主席提出来的，这一策略是他取得中国革命成功的法宝之一。同样，华为的海外策略也坚持了这个理念，其核心就是先易后难。但这样做也有两个无奈：一方面，华为刚一出海就发现，在欧美这些发达国家赚的利润确实非常高，但是西方厂商早就占领了这些高价值的区域，并且与客户结成了多年的战略合作伙伴关系，华为只能去啃亚非拉这些发展中国家的"硬骨头"。另一方面，欧美发达国家电信市场的准入门槛非常高，若要通过其全面的供应商认证，一般都需要几年的时间。2003—2005年，华为在欧洲区投入了非常多的精力，才通过了沃达丰和英国电信等战略客户的供应商认证。

因此，发展中国家的新兴市场对华为来说是一个非常好的切入口。一方面，它们的电信市场保持着高速的发展状态；另一方面，它们的基础网络设施一般建设得比较差，还没有形成稳定的管理体系，门槛也比发达国家要低很多。华为一旦凭借低价优势进入这些发展中国家，西方厂商就很难与它竞争了。

拉美是华为早年进入发展中区域的典型。拉美的市场和华为的技术水平是比较吻合的，拉美国家的电话普及率比较低，门槛也比较低，往往也是西方大公司所忽略的地方。这些市场又与中国电信市场的发展初期有很多相似之处，而华为在中国市场积累的丰富经验，在拉美市场有了用武之地。

农村包围城市意味着不进行硬碰硬的正面对撞，而是采用一个迂回的战术来"攻城略地"。正如任正非所说，世界如此之大，西方不亮东方亮。他号召广大员工到艰苦的地方去，干部也是优先从艰苦地区提拔。

以客户需求为中心

华为一直将"以客户为中心"作为基本理念和核心价值观。笔者在智利代表处工作的时候，有一项重要的日常工作就是见客户，每次见完客户，一定会输出一个完整的会议纪要，把工作分解给相关的责任人，跟踪好客户提出的所有需求，在对应的客户要求时间期限之前完成。

这样可以有效地确保客户的声音和需求都及时反馈到华为内部相应的部门，并且得到响应。如果需要总部的领导进行推动，或者需要产品线的主管、研发的主管进行支撑，客户经理就会把求助邮件抄送给他们。总之，客户的声音在华为内部就是圣旨。客户经理有一项重要的工作，就是解读和传递客户的需求——脸对着客户，背对着自己的主管。

华为每年都会进行一项第三方满意度调查，这是一个非常重要的考核指标，也是一个很重要的检验手段。每年5月，华为智利代表处都会跟西班牙电信这样的战略重要客户进行高层峰会，CEO亲自带领他的CMO、CTO及企业总裁等一系列"CXO"团队参加，并做发言。华为的产品部门也会和客户的规划部门进行新产品路标和技术方面的对标。每年 11 月，服务部门还会跟客户的工程部门进行相关的服务恳谈会。

在满足客户需求方面，华为还有一个克敌制胜的法宝，那就是快速响应。西方的友商普遍反应速度比较慢，运营商如果提出一个修改建议，他们往往需要一年或者一年半时间才能改进，因为其内部有非常烦琐的审批、立项流程要走。而在华为，只要客户有需求，员工就会加班加点快速反应。有时西方厂商需要一年才能完成的改进，华为仅需一个月就能完成。这样，华为的优势就非常明显地体现出来了。

压强原则

压强原则就是杀鸡用牛刀，就是针尖原则，就是经得起诱惑、耐得住寂寞，敢于舍弃、敢于不做；压强原则也是 30 多年只攻一个城墙口……压强原则就是将有限的资源集中于一点，在配置强度上大大超过竞争对手，以求重点突破，然后迅速扩大战果，最终达到系统领先。从研发和市场高度聚焦主航道，放弃支流，"力出一孔，利出一孔"。市场策略体现为前期只专注电信客户，研发策略体现为聚焦核心电信设备研发和持续积累。

华为靠压强原则突破了万门数字程控交换机，突破了 GSM 全套移动通信设备，突破了光网络设备，突破了 3G 和 4G，领先了5G……几乎所有的重大产品，都是这么突破的。

例如在面临投资 3G 还是小灵通 PHS 技术时，任正非最终决定在 3G 上投入重注。为此华为举大量的财力和人力，全力以赴。但是后来的结果出乎大多数人的意料，作为中国市场上的一个"机会产品"，小灵通在 2000—2003 年获得了持续增长，华为失去了瓜分小灵通市场的时机。但是对于在 3G 上的投入，任正非从不认为这个决策是错误的。在他看来，错过小灵通，华为失去了一块完全有能力获得的利润，不得不为此付出代价，却还是可以承受的。但是如果华为错过了 3G，那就是一种极大的失策，将严重影响华为成为一家一流的、伟大的企业的进程，那将是最不可饶恕的。最终的结果也印证了任正非的决策是正确的，华为凭借 3G 成功全面打开欧洲市场，在国际市场上立足，并通过 4G 和 5G 超越对手走进了领导者的行列。这就是华为拒绝机会主义与压强原则的完美结合所产生的绝佳效果。

除了在产品研发方向上聚焦，华为在人力资源方面也一样坚持压强原则。华为通过大量校招培养人才，在战略客户和格局突破项目上，人力配置强度远远超过竞争对手，形成集中优势兵力，造成一种不对称竞争。结果必然是华为的响应速度更快，开发周期更短，服务客户更好，逐渐从后发制人到开始在一些重要领域先发制人。华为坚持 30 多年只攻一个城墙口，随着在关键产品和关键技术上的持续积累，它终于攻到了世界第一。

最好的防御就是进攻

任正非在无线业务汇报会议时强调："要打破自己的优势，形成新的优势。我们不主动打破自己的优势，别人早晚也会来打破。我们在学术会议上要多和爱立信、阿朗、诺西交流，并在标准和产业政策上与它们形成战略伙伴关系，就能应对快速变化的世界。"

过去，华为在市场中走的是从下往上攻的路线，除了质优价低，没有别的方法。这样做把西方公司搞死了，但自己也苦得不得了。美国企业走的是另一种路线，谷歌和脸书（Facebook）都是站在战略高度创新，从上往下攻。华为的战略全都公开了，防是防不住的。要坚持开放性，只有在开放的基础上才能成功。

最好的防御就是进攻，这也是华为提倡的狼性文化的一种体现。狼以良好的嗅觉、敏捷的反应和发现猎物时集体攻击的鲜明特点，被任正非鼎力推崇，因此华为的全球化也被称为"土狼突围"。

让听得见炮声的人呼唤炮火

当总部机关人员众多，就会滋生官僚主义和教条主义。总部人员不了解一线的情况，但是又拥有很多的权力，他们为了控制运营的风险，往往会设置很多流程。而这种流程控制点过多，又势必会大大降低运营的效率，也会增加公司的运营成本。

"让听得见炮声的人呼唤炮火"，其核心理念就是把决策权授给一线团队，精简平台部门，以客户为导向，提高一线作战的成功率。可能有人会问，哪些才是听得见炮声的人呢？在华为内部，这是一个比较容易界定的群体——就是与客户直接打交道的人，华为称之为"客户界面"。客户界面主要包括我们经常说的"铁三角"：客户经理、解决方案经理和交付经理。

客户经理聚焦客户的整体战略和商业需求。他们就是一线战场的司令官，直接主宰着项目的成败，责任大，权力也大。他们可以呼唤全公司所有资源来支持拓展项目，甚至可以呼唤公司管理层来进行某些关键项目中高层客户的公关。一旦机关内有哪个人支持不到位，导致项目丢标或者客户不满意，客户经理的投诉可以直接让他考评降级或下岗。

解决方案经理聚焦客户对产品和技术方面的需求。对客户的产品需求，不管是标书中的需求还是潜在的需要，如果现有产品并不具备而项目又需要，解决方案经理就会马上呼唤公司研发部门的"炮火"，满足该产品需求。很多研发的专家会在一线的要求下现场与客户交流各种产品特性需求，甚至有时候就把开发的场地转移到客户现场，在现场改代码。这样的机制不仅保障了一线项目得到及时有效的支持，同时研发的产品的开发工作也减少了盲目性，避免了闭门造车。

交付经理主要聚焦客户工程交付和维护服务等方面的需求。很多项目交付都是需要机关派专家和人员支持的，一旦一线交付资源不足，交付经理就会呼唤地区部和机关派人支持，而且随叫随到。机关服务部有一个资源池部门，这个部门的人员就是用来机动支持各国项目交付的。

"一线呼唤炮火"，有时也会出现"呼唤过多炮火"浪费资源的现象，为此，机关也会考核一线的作战效率和成本。例如技术服务部的资源池与一线代表处之间就有一个资源买卖的机制，按照支持的人数和天数计算入该项目的成本，这样一线也就不会随便浪费资源了，也就是"谁呼唤炮火谁承担炮火的成本"。

班长的战争

任正非是军人出身，他一直认为企业的管理要学部队，因为部队的组织结构是最具有战斗力的，未来的战争将是班长的战争。例如美军在内部的变革过程中不断地缩小作战单元，让前方能够听到炮火的人指挥战斗，作战的单元有可能从军直接就到了营，一个班的火力有可能配备到旅级。"让听得到炮火的人指挥战斗"，能大大提高一线的综合作战能力，总部则变成了一个资源配置的平台部门。

"班长的战争"其实在华为内部也代表着一种先进的激励制度，每个季度，财务都会根据签约项目的格局、金额大小和盈利情况，自动生成每个项目的奖金总额，再由一线的"班长"也就是客户群总监，来确定项目组成员的奖金分配比例，其他各级主管原则上不得干预。"班长"本人不在分配人数之内，而是有自己的奖金分配原则。

公司根据客户群年度销售收入回款完成情况的奖金包来决定"班长"的奖金，这也是不受各级主管干预的。这种制度一方面确保了奖金分配和激励的及时性，另一方面也确保了"班长"在一线协调资源方面拥有绝对的权威和权力，让华为一线代表处从以职能为维度的管理向以项目为导向的管理转变，大大提高了一线的战斗力。

在智利工作期间，笔者一直兼任西班牙电信系统部的部长，也就是一线的"班长"，负责了很多年项目攻坚和"班长的战争"奖金分配工作。这项制度不光让中方员工非常喜欢，也获得了当地员工的高度认可，大大提高了当地员工和中方员工一起攻克项目的积极性，也非常有效地实现了中方和当地员工的跨文化团队合作。

第三节 华为全球化的五个阶段

华为全球化不是一日建成的。站在 2019 年回顾过去，纵观华为全球化的进程，我们可以把华为全球化的整个进程分为五个阶段：探路阶段、跑马圈地阶段、地区部管理阶段、品牌提升阶段与多业务发展阶段。

第一阶段：探路阶段（1996—1999 年）

这个阶段最大的挑战是，华为并没有太多的拓展经验，也接触不到客户。华为在刚出海的时候遇到了很多的挑战。与东道国的很多企业相比，外来者要付出更高的成本，还面临着文化、制度、市场上的差异，也有很多跨国情景之下需要产生的协调成本。

华为第一步的主要任务其实就是先找到客户，活下去。最开始，外派员工出海的时候并不知道客户在哪里，所以华为采取了往发达国家、发展中国家撒种子式的探路策略。也就是说，往各个区域或国家派出两个人，把他们当成探路的种子，收集一些市场和客户的信息。

任正非本人就是早期的探路者之一。例如1996年4月，国家科委组织代表团访问俄罗斯、罗马尼亚、保加利亚和阿塞拜疆四个国家。代表团中就有华为，华为当时派出了五个人，任正非就是其中之一。

这个阶段最重要的是要耐得住寂寞，经得起挫折。华为的压强原则起了很重要的作用。俄罗斯的市场拓展就是很好的案例。1997年，华为派李杰进军俄罗斯及大独联体市场，而当时爱立信、西门子等跨国巨头的跑马圈地已经基本结束。虽然华为在中国国内小有名气，但在当地的知名度几乎为零。初期，华为在俄罗斯屡屡碰壁，在一个地方一待两个星期，连个客户的影子都看不到，更不用说有机会介绍产品了。

1998年，俄罗斯的市场一片萧条，一场金融危机使俄罗斯的整个电信业都停滞下来。但华为却逆水行舟，知难而上。在国外巨头纷纷撤资减员的情况下，华为坚持了下来，并反其道而行之，不但与当地企业成立合资公司，同时还实施"土狼战术"，组成100多人的营销队伍，在经过严格培训后，派到俄罗斯进行市场开拓。

1999年，华为依然一无所获。在日内瓦世界无线电通信大会上，任正非对自己的爱将——负责俄罗斯市场的主管李杰说："李杰，如果有一天俄罗斯市场复苏了，而华为却被挡在了门外，你就从这个楼上跳下去吧。"李杰说："好。"

在不断的市场拓展中，了解和信任得以建立。2000年，华为终于从俄罗斯国家电信局获得第一张只有区区38美元的订单，可是这却是它对俄罗斯持续投入4年的第一单！正是这份执着换来了客户的信任。

华为捕捉到中俄达成战略协作伙伴关系这一国际关系变化中隐藏的商机，加快了与俄罗斯的合作。最终，它抓住了俄罗斯电信市场新一轮采购机会。2001年，华为在俄罗斯的市场销售额超过1亿美元。

第二阶段：跑马圈地阶段（2000—2004年）

这个阶段的特点是快，挑战是对客户的需求不清晰，非常缺乏拓展客户的相关资源和组织。缺人是这个阶段一切问题的核心。在这个阶段，华为对应当在国际市场中设置怎样的组织配置和怎样的资源，以及如何满足客户的需求等一系列问题都是不清楚的，对目标市场国家的政治、法律、文化也不是很了解，但一旦发现了项目线索，就一定集中优势兵力，力求拿下，从而建立样板点和根据地。

这个阶段的主要战略就是以少量的产品在海外实现销售突破，了解国际市场上运作的一些规则，然后在个别国家建立根据地，对外辐射。在这种背景之下，2001年，华为在东南亚市场选择以泰国、马来西亚、新加坡等国家为中心，对外扩展；在欧洲，则先以德国法兰克福附近的埃施伯恩（Eschborn）作为起点，去拓展欧洲市场，在2004年又换到了英国的贝辛斯托克与当地合作商进行合作，并且成功地进入了德国、法国、西班牙、英国等发达国家；而在拉美则是以巴西和墨西哥为根据地进行拓展；在非洲是以南非和埃塞俄比亚为中心进行拓展。

至2004年，华为基本攻下了欧洲和美国的高端电信运营商。在这个阶段，可以说华为积累了一些市场拓展的经验，也学会了去适应当地的文化，把握客户的需求，并进行合理的组织资源配置，大大加快了全球化的步伐。在这4年中，华为在海外的代表处遍及全球，分布在40多个国家和地区。在2004年第9期《世界电信》杂志评选的"全球50强电信运营商"排行中，华为已经与其中的22个合作。

到 2004 年年底，华为终于真正从全球视角审视市场，由此进行相应的资源配置，海外的研发、生产及营销。其中，研发基地有一半设在国外，研发实现了全球化。市场、人才和资本等方面全面推进，也为它下一个阶段进一步进攻欧美高端市场做好了准备。

第三阶段：地区部管理阶段（2005 年至今）

地区部管理是一种非常成功的全球化管理方式，华为至今仍在继续采用这种管理方式。在 2005 年前，华为将几个分管国际业务的部门合并，成立了相关的国际合作和代理商的管理部，全面启动与海外电信巨头的战略合作，统一进行规划。同时，海外有 8 个地区部正式成立，并且部门齐全，功能完备。总部不可能熟悉全球各个区域的政商环境、客户和业务，所以公司把决策前移，"让听到炮声的人呼唤炮火"。海外地区部的划分，既参考西方大企业的区域划分原则，也充分考虑地区间业务属性的相似性，例如欧洲片区就下辖了西欧地区部和东北欧地区部，拉美片区分为拉美北和南美南地区部。

这个阶段，除了财务和少量的人事任免权，华为将很多权力下放到了地区部。地区部在管理中起到了一个很好的承上启下的作用。简而言之，地区部总裁向公司总部述职，并且承接了区域的销售任务和经营任务；地区部总裁在总部开完会之后，回到所在的区域，又马上组织地区部的会议，所在区域的各国代表要到地区部总部开会，并且向地区部总裁述职，并分别承接所在地区部（向总部）承接的销售和经营任务。

在这个阶段，地区部总裁和国家代表的人选显得非常重要。这些人都必须是能独当一面的综合性管理者，他们的素质往往决定了所在区域或国家市场拓展的高度。

第四阶段：品牌提升阶段（2012年至今）

2012年之前，尽管华为在海内外已经取得了很大的商业成功，但主要聚焦在运营商BG，也就是B2B的电信网络设备领域，消费者BG只占华为总营收的22%。它在海外的品牌知名度与业绩完全不成正比。或者更直白地说，2012年之前，华为是不怎么做公开市场的广告的。

越来越多的事实表明，如果想在B2C领域取得成功，那么未来的营销之战就必须是品牌之战，而品牌的塑造对所有企业来说都是非常重要的。2012年，华为智能手机的发货量已经达到了3200万台，同比增长了60%。华为开始提升海外品牌营销，这是一个非常重要的分水岭。

也就在这一年，华为发布了Ascend智能手机品牌，并且陆续推出了很多系列的产品，这也标志着华为从一个B2B厂家慢慢地朝自有品牌转换，把自己的档位由低端手机向中高端发展。同一年，华为的Ascend P1手机在全球40多个国家上市，广受赞誉，被著名的科技媒体Engadget称为华为有史以来最好的手机。

到了2016年，华为花费600万欧元签约球星梅西，聘请其担任华为全球品牌的形象大使，并在美国拉斯维加斯消费电子展（CES）和巴塞罗那世界移动通信大会，以及伦敦、巴黎、慕尼黑、上海等地进行全球范围的新产品发布会。正是这一系列的品牌营销，让华为得以在Brand Finance"2019年全球最具价值品牌500强排行榜"中成功地上升至第12名。华为品牌建设的成功之处就在于顺应这个时代，努力地挖掘、学习互联网时代营销的本质。

第五阶段：多业务发展阶段（2017年至今）

华为是以B2B电信设备起家的，但到了2017年，华为的运营商业务在整个公司的销售额占比已降至50%。2018年财报显示，运营商业务进一步降到了40%，且消费者业务第一次超越了运营商业务。这也意味着华为实现了B2C的战略转变。

2017年，华为还成立了一个云BU（业务单元）。这个BU上线了14大类99个云服务，以及制造、医疗、电商、车联网、物联网等50多个解决方案，从而让华为云、管、端三驾齐驱，真正进入多业务的发展阶段。

事实证明，华为的这种多元化是非常成功的：一方面，华为的智能手机现在已经位列世界第三，在高端手机领域可以直接与苹果和三星叫板；另一方面，华为在企业网业务的成绩也非常瞩目。在服务器存储等领域，华为已经牢牢地占据了第一梯队，而新兴的云市场也将成为下一个利润增长点。

综上所述，华为全球化的五个阶段看起来很顺利，但罗马不是一日建成的，华为全球化就像中国改革开放的进程一样，也是摸着石头过河，没有任何经验可以参考。以上所写的五个阶段只是笔者站在2019年进行的回顾与总结。所以，希望未来中国企业可以沿着华为的足迹，在各个阶段结合实际特点，制定自己的出海战略，循序渐进地出海。

03

华为进入全球市场的历程

第一节 华为全球化的准备工作

所谓兵马未动，粮草先行。华为全球化的成功，不仅是由于其整体战略的成功，其实也是做了很多准备的，非常值得其他出海企业借鉴。

出国前的动员

任正非非常重视员工出国前的动员，动员也非常有仪式感。2000年五洲宾馆的出征将士送行大会是华为历史上的首次动员，大标语是"青山处处埋忠骨，何须马革裹尸还"，充满了悲壮的气氛。笔者曾与一位当年参加过此次动员会的老员工聊天，他说，当时现场非常振奋人心，同时也有些"风萧萧兮易水寒，壮士一去兮不复还"的感觉，大家对未来确实一无所知，但都义不容辞。

2001年欢送海外将士出征大会上，在题为《雄赳赳、气昂昂，跨过太平洋》的讲话中，任正非说道："华为正面临着一种机会与危机，我们经历了10年的积累，以客户化的解决方案为先导的产品体系有了较大的进步，有希望搏击世界舞台，在这个舞台上检验自己。只要勇于自我批判，敢于向自己开炮，不掩盖产品及管理上存在的问题，我们就有希望保持业界的先进地位，就有希望为世界提供服务！"

2016 年 10 月 28 日，华为在深圳总部举办了"出征·磨砺·赢未来"研发将士出征大会，2000 名华为高级研发人员和专家奔赴欧洲、东南亚、中东、美洲、非洲等地，配合市场团队寻找更多的"粮食"。出征大会的各环节非常有煽动力，邀请了指挥家林斌指挥合唱抗日军政大学校歌《黄河之滨》和《中华男儿》。任正非和 3 位轮值 CEO 在出征大会上进行激昂讲话，鼓舞士气。

时年 72 岁的任正非精神矍铄，在演讲中激励员工："时代呼唤英雄儿女，只要组织充满活力，奋斗者充满精神，没有不胜利的可能。春江水暖鸭先知，不破楼兰誓不还！"这是继 2000 年华为在深圳五洲宾馆举办的海外誓师大会之后，又一次里程碑式的事件。但与此前面对一片空白局面、"风萧萧兮易水寒"的出海环境相比，华为此次大规模向海外"调兵"面临的局面已经明显发生变化。用任正非的话说，华为已经在 170 个国家派驻了武装到牙齿的、铁一般的队伍。

签证申请

签证问题看似不大，但非常伤脑筋，甚至可以说，签证是中国企业拓展国际市场时的巨大绊脚石。

签证的困扰经常使得中国企业无法有效地在海外拓展市场，特别是对于那些需要派大量中方员工到海外工作的中国企业来说。如在华为常驻海外的人员中，因签证不合法而影响业务开展的情况时有发生，被强制遣送回国甚至成为阶下囚的情况也有，在国外受到盘查的人更是不计其数。早年在肯尼亚、巴西、荷兰等代表处，华为的办公室曾被当地警察包围，逐一排查工作签证，给公司的运营带来了很大的影响。

2006年笔者在欧洲地区部常驻期间，常驻地是英国小镇贝辛斯托克，但经常需要去欧洲大陆的申根国家和东欧国家出差，申根签每3个月就必须重新签一次，而东欧的每个国家都必须单独办签证，所以一年就用完了一本新护照。每次申请签证，我都必须起个大早坐火车去伦敦的大使馆，准备一堆材料和照片，浪费很多时间和精力。有时就是因为签证问题，无法及时去东欧的代表处出差支持项目。

由于华为海外员工众多，不光员工的签证需求量非常大，家属和孩子的陪伴签证需求也逐渐增大。很幸运的是，现在已经有一家提供签证管家"一站式"服务的公司入驻华为总部G区签证服务中心，为华为员工提供全流程的服务，并提供各国公证和认证服务。

员工培训

华为新员工培训的主要目的是让员工全方位了解公司的产品和服务，以及企业文化。因此，新员工培训具有时间长、理论和实践结合、准军事化管理等特点。在岗培训的主要目的是更新知识和技术，使员工能适应新技术的发展。在岗培训具有长期性、多样性的特点，正因为如此，华为投入大量的资金对员工进行在岗培训，并创办了华为大学，使员工每年有7%的时间用于培训。

企业礼仪是现代企业制度所推崇的企业文化的体现，华为非常注重企业形象和员工素质，因为这两个方面不仅代表个人形象，也代表了企业形象和国家形象。华为当初为了走全球化道路，对员工进行了西方商务礼仪培训，主要针对形态礼仪、交谈礼仪、服饰礼仪、人际关系等，避免犯低级错误，也避免文化上的冲突。华为大学除了文化礼仪培训，还会不定期组织从海外回来休假的前辈给即将出征的将士讲海外奋斗的故事，包括如何适应海外的生活，如何与客户沟通交流，等等。

英文化推广

2005 年左右，英文化曾是对华为全球化影响很大的因素之一，若最基本的交流问题不解决，全球化就无法深入推行下去。在迈向全球化的进程中，英文化是华为必须而且是首先要迈过的一道关，是提升华为全球化能力的必由之路。

华为在英文化推广上的总体步骤和实施策略如下：总的思路是在一线和总部（华为后来把总部改称为机关）两个层面一起改进，一线解决具体的沟通和团队融合问题，总部解决平台问题。代表处在语言环境上具有优势，目前代表处许多主管可以直接用英语交流。华为总部曾经成立了专门的小组来做英文化推行，各体系也行动了起来。以 2008—2009 年度为例，销服体系要求在 2008 年第 4 季度英文考试 80% 达标，到 2009 年第 2 季度全部达标；战略与 Marketing 体系要求 2008 年年底 100% 完成达标；财经管理部要求关键岗位 2008 年年底 90% 达标；供应链管理部需要英语的目标岗位要求 2008 年年底完成 90% 达标；研发部门很多岗位不需要英语交流，但对外联络的部门也必须达到要求。

对华为来说，考试并不是目的，也不需要员工拿到托福和雅思的高分。考试只是传递一个信号，让员工重视起来。除了考试，和一线有比较多业务往来的关键岗位，华为都要求对应人员要能够很好地交流和沟通。对文件、邮件的英文化，华为各体系有不同的要求，这主要取决于该体系跟一线结合的紧密程度，但首先必须保证发文是双语的。还有工作平台，华为的财务报销系统——员工自助报销系统（SSE）早就完全英文化了，很多类似的流程工具也已经英文化了，逐步把华为的工作平台建立成中外方一体的平台。总之，华为要在总部全面营造一个能够使一线业务顺利开展的英文环境。

华为推行英文化的目的，主要是让公司的业务运作可全程使用英文沟通，便于共享信息，全球同步，让中外方员工可以直接交流，让全球各国的主管及员工皆可直接参与到部门的业务中去。

职业化推行

任正非曾说，华为是一群从青纱帐里出来的土八路，还习惯于埋个地雷、端个炮楼的工作方法，还不习惯于职业化、表格化、模板化、规范化的管理。重复劳动、重叠管理还很多，这些都是效率不高的根源。

华为早期出海的员工大部分是工程师出身，为了加快与国际接轨，2005 年，华为掀起了轰轰烈烈的"职业化推行"，尤其是全球技术服务部。希望中方员工在和本地员工团队合作，以及与海外客户打交道的过程中，能够保持一定的职业水平，不犯低级错误，达到良好的沟通效果。

做好职业化工作确实能够赢得客户的尊重。在与客户进行交流时，职业化尤显重要，例如在筹备有客户参加的会议时，会前准备、议程确定、交流方法、纪要输出等环节都很有讲究，表现不同则所导致的结果完全不一样。华为要求员工安排和规划好所有的工作计划，与公司领导加强沟通，主动地了解各业务部门的一线需求，并确保总部对一线的反馈和要求及时地响应。

管理全球化

全球化的成功，最离不开的就是管理的全球化。相比之前的准备，这一点是最难的，也是最能体现任正非高瞻远瞩的一点。

从 1997 年开始，华为引入国际著名企业为其做管理咨询。比如华为与合益（HAY）集团合作进行人力资源管理变革，聘请普华永道（PwC）做财务顾问，聘请毕马威（KPMG）做严格的审计等。此外，1999 年华为又与 IBM 公司合作，重整了业务流程，建立了集成产品开发（IPD）流程和优化集成供应链（ISC）。企业管理活动应该解决两个问题：能不能提升业务的质量，有没有控制住业务风险。如果这两点作用都没有起到，那么这个管理活动很可能是无效的。

华为在发展的过程中，曾经出现过一个比较极端的情况：一个合同走完全部审批流程，上面会盖 23 个章！这种管理其实并没有起到实质效果，很多部门是看到别的部门盖章，它也就盖了。之后华为重新梳理了合同审批的流程，优化后的合同评审只要盖 3 个章就够了。

如果从客户的角度往回看，会发现有很多事情根本不需要做。华为过去的组织和运用机制是"总部推动"的机制，为了管理而管理；现在逐步向"一线拉动"的机制转变，或者说这是"推拉结合、以拉为主"的机制。华为管理全球化最值得借鉴的一点就是，为客户创造价值。只有为客户创造了价值，公司才能取得商业成功。

以上准备，都是华为全球化成功的基础。从区域拓展维度来看，华为的全球化之路的第一站是从俄罗斯开始的，再到第二站拉美的巴西和墨西哥，非洲是发展中国家中最艰苦的市场，随后拓展的是欧洲和美国，欧洲和美国是通信行业最高端和最重要的市场之一，全球电信行业的顶级运营商几乎都分布在美国和欧洲。接下来，笔者将以典型区域市场为例，逐一介绍华为是如何进入这些市场的。

第二节　俄罗斯市场

俄罗斯是华为在国际市场上的第一站。为什么选择俄罗斯作为第一站呢？因为在全球化初期，华为是以中国的外交政策作为大方向的。1996 年，时任俄罗斯总统叶利钦对中国进行了国事访问，并且与中国宣布建立平等、信任、面向 21 世纪的战略合作伙伴关系。任正非敏锐地察觉到，中俄此次定调的国际关系变化中隐藏着巨大的商机，于是当机立断，要拓展俄罗斯的业务。

经过市场分析，华为发现俄罗斯的电信业市场需求很大，但是行业没有统一的技术标准，对于通信设备的选购，更加注重性价比和服务。当时俄罗斯的股份制改革也正在初步展开，国家在企业中占有很大的股份比例。政治对经济的影响非常大，而中国政府与俄罗斯政府一直保持着良好的外交关系，这就为中国企业进军俄罗斯提供了非常有利的条件。

但华为进入俄罗斯也不是一帆风顺的。刚开始，华为的产品并没有被俄罗斯市场所接受，当时，爱立信、阿尔卡特、西门子等跨国巨头已经完成了对俄罗斯市场的瓜分。虽然华为当时在国内已经小有名气，但对于俄罗斯来说，知名度还几乎为零；且更艰难的是，众多国内企业将质量不过关的产品销往俄罗斯，导致俄罗斯人对中国的产品丧失了信心。

华为在最初面临的难题，不仅是如何向对华为一无所知的俄罗斯客户推销华为的技术，更重要的其实是如何推销"中国制造"，改善中国的国际形象。这无疑为华为在俄罗斯市场的拓展大大增加了难度。因此，华为在俄罗斯屡屡碰壁，在一个地方待上两个星期，连客户的影子都看不到，更别说介绍产品了。

那华为是怎样攻克俄罗斯这块难啃的骨头的呢？华为在俄罗斯的宣言，就像苏联卫国战争期间军民中广泛传诵的名言："俄罗斯大地辽阔，可我们已无退路，后面就是莫斯科。"

概括起来，华为开拓俄罗斯的关键举措有三条。

1. 邀请客户来中国，了解国内情况

由于当时中国制造给人一种廉价低质的印象，华为要想在电信这样一个高科技领域站稳脚跟，就必须消除大家对中国制造的顾虑。而了解中国，尤其是中国改革开放以来日新月异的变化，显得非常重要。另外，让客户了解华为公司的文化和发展的情况，加深互信合作，也非常重要。

2004 年 4 月，华为邀请以俄罗斯著作权协会主席维克多维奇为团长的代表团到华为深圳总部参观。在观看了华为自动化的物流中心、数据中心及自主研发的高科技产品展厅之后，维克多维奇非常高兴地说，此次到中国来的印象太深刻了，没想到中国的科技进步这么快，回俄罗斯之后一定要大力宣传，让更多的电信运营商到中国来看看。

而华为也创立了一条"新丝绸之路"的拓展方式，那就是带客户从北京入境，一路往南到上海、深圳，最后从香港出境；或者是让客户直接从香港入境，到深圳总部参观，之后再一路往北到上海、北京出境。这条线路不仅能使客户了解中国改革开放的成就，也使他们认识了华为。此外，华为还印了一批名为《华为在中国》的手册，把中国各地的美好风景、地标建筑拍成照片，同时附上华为的产品及应用的情况。这对客户了解中国、了解华为起到了非常关键的作用。随后，在各种展会和论坛上，华为一方面扩大其影响力，另一方面也邀请客户到深圳总部参观，这大大提高了华为在俄罗斯客户心中的印象分。

2. 坚守市场，不放弃任何机会

1997 年开始，俄罗斯陷入了经济低谷，卢布贬值。整个电信业停滞了下来，市场也比较萧条，NEC、西门子、阿尔卡特、爱立信等很多西方的电信巨头纷纷从俄罗斯撤离，这无疑给华为提供了一

个契机。

华为不但坚持了下来，且反其道而行之，马不停蹄地组建营销团队。经过严格的培训之后，团队被派到俄罗斯进行市场拓展。当时俄罗斯政府颁布了一条特殊的电信政策，就是要有一定程度的国产化。1997年4月8日，任正非亲自飞到俄罗斯的乌法市，参加了华为与俄罗斯当地公司建立合资公司的签字仪式。这是华为在海外建立的第一个合资公司。

在这之后的市场拓展过程中，俄罗斯对华为的信任不断地加强。当俄罗斯的经济出现回暖，华为赶上了政府新采购计划的头班车。2000年，华为斩获了乌拉尔电信交换机和莫斯科MTS（俄罗斯移动电信系统公司）移动网络两大项目，加快了在俄罗斯电信市场开拓的步伐。2003年，华为在独联体国家的销售额就已经超过3亿美元，位列独联体国家市场中国际大型设备供应商之首。

经过十几年的不懈努力和持续投入，华为现在已经成为俄罗斯市场的领导者，与所有的顶级运营商都建立了战略合作伙伴关系。

3. 本土化运营

华为在俄罗斯招聘了非常多的本地员工，这些本地员工相比中方外派员工有明显的优势——他们对俄罗斯的法律法规及市场情况了如指掌，同时也与企业文化和当地文化磨合得比较好，业务经营很快就融入了当地的主流社会。

同时，华为还把在当地招聘的人才送到总部进行培训，这些人现在已经成为俄罗斯华为公司的中坚力量。在此值得强调的一点是，华为的本地化并不是彻底的本地化，它的中庸之道在这里得到了很好的体现。任正非的很多文章和华为印发的读物会被源源不断地寄往俄罗斯和世界各地的子公司，让本地员工阅读，使他们充分感受到自己是华为的一分子。

俄罗斯市场从 0 到 1 的突破可以说是非常艰难的。首次突破，不仅给华为带来了足够的信心，更重要的是积累了一些行之有效的海外拓展经验，也培养了一大批有海外市场拓展经验的干部。后来笔者在欧洲工作时，就碰到了很多当年第一批拓展俄罗斯市场的"将军"们，他们的故事也激励着后来的很多华为人继续前行。

第三节　拉美的巴西和墨西哥市场

巴西是华为海外直接拓展的第二个国家。

根据"农村包围城市"的战略，华为在出海初期就把目光锁定在了人口众多、经济较发达的拉美地区上。巴西拥有 1.7 亿人口，人均 GDP 为 5000 美元 / 年，国家开放，经济自由。当时，巴西的电信体制还被国家垄断着，巴西电信管理局是唯一的电信运营商，同时也是政府的电信管理局，是一家政商合一的机构。当时，巴西电信管理局正酝酿引进竞争机制，打破垄断，电信体制处于变革的前夜。1997 年 8 月，任正非做出决策，派遣市场团队开拓巴西市场。

开拓巴西市场的三个主要策略

1. 借力大使馆，成立地区部，邀请客户去中国

在大使馆的帮助下，华为迅速地与巴西电信管理局建立了工作关系，这为华为在巴西的市场调研提供了许多便利。在该局的安排下，华为到位于圣保罗的巴西电信研究院进行了技术交流，仔细了解了巴西的电信市场概况、网络结构和供应商情况，特别是入网许可证的申请和测试流程。

在调研中华为发现，巴西的电信普及率只有14%，市场潜力巨大。

更重要的是，巴西民族工业薄弱，工业企业基本上都是跨国巨头在当地的独资企业。巴西电信管理局非常希望引进技术发展巴西的民族通信产业，而华为在俄罗斯成功创建合资企业，也为巴西市场的开拓提供了很好的参考经验。

是否也要在巴西建立代表处甚至合资公司？这是一个非常重大的决策。任正非拜会了巴西电信管理局局长费尔南多和巴西电信研究院的院长，参观考察了巴西的一些科研机构、生产企业，并且访问了巴西利亚、圣保罗、里约热内卢等城市，了解了当地的经济状况和市场需求。最后，他拍板决定成立巴西地区部，建立了巴西利亚、里约热内卢、圣保罗三个代表处。

为了促进合作，华为也邀请巴西电信管理局的费尔南多局长访问中国，并带领他参观了华为已经在网络上投入运行的设备。费尔南多对中国的经济及技术发展印象非常深刻，表示将大力促进巴西和中国的合作，支持华为到巴西开拓市场。之后，华为迅速建立了巴西地区部（也就是后来的华为拉美地区部），这成为华为在拉美开拓的第一个市场。1997 年，华为在巴西投入 3000 多万美元建立了合资企业。1999 年，华为在巴西开设了拉美首家海外代表处。

2. 本地化的联合创新

华为与巴西联合创新的成效非常显著。例如，2005 年巴西地区平均带宽为 256Kbps，与华为合作之后，带宽峰值迅速达到 1Mbps，是过去的 4 倍，让巴西民众充分享受到了高带宽带来的优质用户体验。2012 年 7 月，华为与巴西通信部就 450MHz 频段运营和工业化签订了首份商业合约，本次合作不仅协助巴西政府实现了更多人口及更广地区的网络覆盖，而且帮助巴西一跃成为 450MHz 频段通信商业运营领域的佼佼者。自 2011 年首款本地制造的终端机在巴西通信展上发布以来，除一些特殊的网络产品，华为已完全实现产品本地化制造。华为还一直与圣保罗大学、英特尔通信数据实验室等巴西知名学术机构保持合作，宣传先进的通信知识，并努力培养本地的通信人才。

3. 加大投入，落地研发中心和供应中心

随着华为产品在本地的销售快速增长，华为也在不断加大对本地的投入。2011 年，华为宣布在巴西投资 3 亿美元建设研究中心，持续建设本地化的研发中心、培训中心和供应中心，并且在当地设立教育基金，投资总额为 3.5 亿美元。

截至 2013 年，华为仅在巴西坎比纳斯的区域研发中心就有 200 多名研发人员，而培训中心已相继组织来自巴西及南美地区 3 万多名通信人才的培训。为了整合原有的物流中心和制造中心，华为将坎比纳斯的物流中心迁移至索罗卡巴，合并成为大型供应中心。该中心投资达 1.23 亿美元，平均月供应能力达 10000 个站点，进一步提升了运输质量和用户体验。

后起之秀墨西哥市场

华为早期在拉美的拓展是以巴西为中心的，巴西的业务量也是最大的，但其实华为在巴西一直亏损，到 2016 年左右才开始盈利；而在墨西哥，2016 年的销售规模就已经达到 20 亿美元，使墨西哥代表处成为华为在拉美地区部最大的代表处，也是拉美各国学习的对象，拉美地区部的总部也设在了墨西哥城。

先简单介绍墨西哥市场的情况。墨西哥有 1.2 亿人口，人均 GDP 近 1 万美元，距离美国最近，是拉美的门户。墨西哥国情最明显的特征之一就是社会发展极不平衡，贫富差距非常大，富人坐着直升机上班，贫困群体可能连饭都吃不上。因此，墨西哥的本地人非常看重工作机会，尤其担心外国人抢走他们为数不多的饭碗。

2001 年，华为人就来到了墨西哥。在最初的几年中，华为在墨西哥的发展并不是很顺利。在生活上，不安全的因素很多，华为员工遭遇过绑架、施工遭到恐吓；有员工在机房搞调试时，劫匪来了二话不说就把人给绑了，把电脑和钱都抢走了；有时华为工程师在地方上施工，接到恐吓电话不让施工，只好求助当地客户来解救。而中国员工中午集体出去用餐，由于队伍浩浩荡荡，甚至曾被当地媒体称为入侵。

在工作上，早期的业务开展也不顺利。因为对华为不了解，当地客户不乐意与华为合作，华为根本就找不到合作方。但美洲电信等战略客户的突破，使墨西哥一举成为华为在拉美最大的市场。墨西哥美洲电信（America Móvil）公司 2000 年成立于墨西哥城，是拉美领先的电信运营商，也是全球最大的无线运营商之一，其墨西哥子网是 Telcel（墨西哥电信无线通信公司），占墨西哥移动运营商 60% 以上的市场份额，在拉美几乎所有国家都有子网和运营。

华为拓展美洲电信的过程，是循序渐进的。墨西哥距离美国较近，早期客户不相信华为可以生产出高科技的产品，给华为的都是首都墨西哥城以外的一些区域和低价值产品。但华为一方面每年都坚持邀请当地政府官员与客户去中国参观，改变他们对中国和华为的印象；另一方面，总是抓住客户给予的每一次小的机会，做好样板点，先给客户带来商业的成功，再不断复制成功的经验。灵活的商务策略使华为得以在墨西哥市场不断攻城略地，墨西哥代表处很快成为华为在拉美地区最大的代表处，也是华为在拉美地区继西班牙电信后的第二大战略合作伙伴。

本地化经营为华为打入墨西哥发挥了重要作用。华为墨西哥分公司是以当地企业的面貌出现的，在 1400 名员工中，本地员工占 90%，本土化率相对较高。高管团队的 9 人中，有 3 个是墨西哥人。

2014 年，华为墨西哥分公司在当地的采购和投资达到 3.18 亿美元，纳税达到 1 亿美元以上。正是因为有着较高的本土化程度，2014 年在墨西哥杂志《扩展》（Expansion）年度 500 强企业的排名中，华为墨西哥分公司位列第 179 位，紧随其后的是可口可乐。这足以说明墨西哥市场对华为本土化的认可。2015 年，华为墨西哥分公司 CEO 薛蛮接受媒体采访时也强调，华为在墨西哥非常重视本地化经营。

拉美距离中国遥远，社会环境和文化都与中国差异较大。因为中国人普遍对拉美地区了解不多，所以这个市场被严重低估了。拉美市场广阔，有 6 亿人口，人均 GDP 比中国还高，相比竞争激烈的欧美和亚太等市场，这里是中国企业拓展海外业务的一个非常好的市场。通过对华为在巴西和墨西哥业务拓展经历的分析，我们可以得到的经验是：借助大使馆的力量与国外政府搞好关系，招聘本地员工，加大本地化的投入。只有发挥好本地化的优势，才能使业务步入正轨。

第四节 非洲市场

任正非曾在一次演讲中说："当我们走出去拓展国际市场时，放眼一望，所能看得到的良田沃土，早已被西方公司抢占一空，只有在那些偏远、动乱、自然环境恶劣的地区，它们动作稍慢，投入稍小，我们才有一线机会。"相对于市场和基础设施相对完备的欧洲及亚洲国家，非洲是环境最为艰苦的一块市场。不过正是由于非洲门槛低，市场潜力大，早就成为设备商争夺的重点。

非洲市场开拓的难点

崔岩曾经担任华为坦桑尼亚代表和东南非地区部销售管理部部

长，2002 年就去了非洲市场拓展，在那里工作了近 10 年。据他透露，华为在非洲国家遇到的困难也非常特殊和有挑战性，主要有以下四个方面。

1. 条件艰苦

除了南非是比较发达的国家，绝大部分非洲国家的基础设施非常差，还处于"通信基本靠吼"的阶段，很多地方甚至没有公路。一些办事处的周围就是沙漠或草原。首都和非首都区的差别可谓天壤之别，而且办事处还经常缺水缺电，基本的生活条件都很难保证。华为的工程项目交付很多是在野外，工程人员经常需要连续在高温的沙漠中驾车颠簸、奔波。例如，有员工去索马里的边境城市时，来回要开 4 天的土路，顶着 40 多摄氏度的高温，坐在 20 多年车龄的小皮卡里面，一路上没有餐馆和商店，只能带一些干面包垫肚子。

2. 健康问题

非洲是艾滋病的多发地，发病比例在 20% 左右。疟疾这种可以致命的疾病，对很多在非洲工作的华为员工来说成了类似感冒的常见病，从地区部总裁到员工，基本无一幸免。曾有一位华为工程师多次往返于各站点调测基站，3 个月时间里连续 4 次得疟疾。

3. 人身安全

日常人身安全是华为人必须时时刻刻注意的，很多员工有在非洲被抢和被劫的经历。同时，非洲一些国家政局不稳，也给华为员工带来了安全隐患。战乱时期，华为的工程师如要去基层进行设备安装、调试和维护工作，客户甚至要派全副武装的警察贴身保护，才有安全保障，很多华为工程师都享受过这种待遇。在 2006 年的刚果（金）首都，副总统与总统的卫队发生了武装冲突，战事最激烈的时候，华为员工所在的宿舍楼曾被交战双方包围。

4. 文化差异

华为人在和非洲客户打交道的过程中，发现双方文化差异很大。例如，在和客户谈判的过程中，华为人总是本着"双方各让一步"的想法来折中达成一致，但这常常只是一厢情愿。因为客户会认为这是上帝安排的，他要感谢上帝，和华为没有关系。所以，华为人做出的让步完全无法起到预期的作用，经常让谈判陷入僵局。同时，当地厂商经常当面说的话转头就不认账了，例如，莫桑比克的一个客户，其基站设备过了质保期出现问题，但一直拖着不换，要设备商为网络质量负责。由于坏掉的设备确实影响了网络质量，华为最后只能更换基站设备。

开拓市场的策略

华为突破非洲市场的方式，主要有以下六点：

1. 长期坚持艰苦奋斗

由于文化背景、生活习惯等的差异，遇到重重困难是不可避免的，但华为人屡败屡战，直到打破零的纪录。为了鼓励更多的员工到艰苦的地区工作，任正非提出了"上甘岭出英雄""烧不死的鸟才是凤凰"等口号，这也一直是华为标榜的企业文化。在非洲艰难的条件下，只要客户有需求，华为人总是会及时赶到。

张权是一位曾奋斗在非洲一线多年的华为员工，他在装卸货物时受伤，但由于当地没有医疗设施，伤处引起了严重感染。稍稍好转后，听说客户项目紧急，张权又马上乘飞机去协助工程交付。结果飞机着陆时油箱爆炸，他由于脚部有伤行动不便，被拥挤的人群挤落到地上，手臂等多处受伤。2003 年，非洲地区的两位服务主管刚刚到达肯尼亚内罗毕员工宿舍，半夜睡得正香，就遭遇歹徒破门而入持枪抢劫，不仅电脑、手机、钱包等个人物品被抢走，而且被歹徒用枕头蒙上头，差点被爆头，那种心理的阴影和伤害是难以言表的。但第二天，他们还是如期参加了客户的会议。华为人这种长期坚持艰苦奋斗的精神，深深感动了客户，让他们认为华为才是真正值得信赖的合作伙伴。

2. 始终以客户为中心

以客户为中心，不能只是说说而已，而是要落实到市场拓展的每一个细节上，用心服务好客户，时刻为客户着想，才能最终赢得客户和市场。在非洲奋斗多年的范思勇在《华为人》上谈到他拓展乌干达市场的经历：2006 年，运营商 W 的全网新牌项目，华为和友商 E 正面交锋。经过调研分析，华为认为建设新网最大的"痛点"是站点的获取。尽管站点获取是运营商的工作，但华为人在项目拓展初期就自己开车带着勘测人员和网规人员，一个站点一个站点地跑，先后获取了上百个首都站点信息。当华为人把厚厚一摞资料放在客户 CEO 的办公桌上时，客户坚定了态度，认为还是华为了解客户的需求，至少为客户节约了半年时间。就这样，华为一举拿下了这个规模达 1 亿多美元的新网新牌项目。

3. 与当地政府搭建良好的关系

在非洲，华为和非洲国家政府高层官员的互动也是一大亮点。由于中国和非洲人民的长期友好关系，非洲人民对中国公司有一种天然的好感。20 世纪六七十年代，中国派出 5 万人援建的坦桑尼亚到赞比亚的铁路，见证了中非友好的历史。因此，华为主管在非洲会见当地国家的总统、副总统、通信部长等政府高官，是相对容易的，也经常可以邀请到所在国的总统访问中国和参观华为总部，而在其他区域则很难请到这个级别的领导人。

良好的高层政府关系，对华为争取政策支持、寻求当地合作，起到了很大的促进作用。例如 2002 年，在华为和客户的共同邀请下，肯尼亚总统出席了为肯尼亚电信 TKL 部署的智能网业务开通仪式，并亲自试打了第一个电话，在当地产生了良好的样板效应，华为的品牌从此在非洲大地开花结果。2012 年，刚果（金）总统出席了华为金沙萨培训中心落成典礼。这都是华为积极维护高层关系的结果。

4. 邀请客户来国内参观

早期，华为在非洲拓展的一大困难是中国技术不被看好。2002 年，全球著名的通信厂家都在虎视眈眈地等待着埃塞俄比亚一个交换机项目的招标。中国电子类产品已经是"低质低价"的代名词，埃塞俄比亚人不相信中国人能生产出高技术的通信产品，这对华为来说非常不利。

想要拿下这个项目，要做的第一件事就是改变埃塞俄比亚客户对中国落后的印象。发标时，华为想尽办法找到机会，带客户来国内参观。中国的变化、华为的现状让客户震惊。对华为认知的大门打开后，项目投标时，华为与西方公司站在了同一条起跑线上。由于华为前期的介绍和方案做得非常好，在技术评标时名列第一，并最终中标。2003 年年初，当埃塞俄比亚决定要建传输国家干线时，华为前期先与客户做技术交流，后期又为客户组织培训班，让传输领域的技术骨干、经理等都去华为总部培训，让客户亲自体验华为产品。最后，华为甚至以比所有西方公司都要高得多的价格成功中标，令业界惊讶。华为高价中标的经验就是"润物细无声"，前期铺垫做得好，领先对手几步。

5. 借助中国政府的银行信贷支持

自 2004 年成立以来，国家开发银行、中国进出口银行始终把高新技术产品扩大出口作为融资重点，综合运用多种政策性金融工具，支持我国有比较优势的企业走出国门。这些机构陆续向华为、中兴提供了巨额出口信贷。据公开资料统计，2004—2010 年，仅国开行就为华为、中兴提供了高达 450 亿美元的出口贷款额度。

对于仍在贫困线挣扎的埃塞俄比亚、尼日利亚等非洲国家而言，政府虽然有尽快发展电信业的强烈愿望，但依靠本国财政收入完成巨额的电信基础设施投资并不现实。因此，携巨资而来的华为备受青睐。2006 年 6 月，塞内加尔总统访华期间，中国进出口银行以优惠贷款的形式向塞政府提供金额 5000 万美元的贷款用于政务网项目，由华为公司负责实施。

6. 提供快速响应、主动优质的服务

在非洲这个条件艰苦的市场，华为人同样坚持快速响应、主动的优质服务，通过服务赢得市场。在华为之前，当地的主要设备供应商是阿尔卡特，其次是西门子。但由于环境恶劣，局势动荡，这些公司的员工通常难以忍受，待不长久，更不用说快速响应和主动服务客户了。而华为人完全以客户为中心、快速主动的服务模式，成为它战胜西方厂商的法宝。

华为在非洲的第一个项目，是 1999 年在肯尼亚首都内罗毕附近的小镇奈瓦沙（Navasha）建设的无线 ETS 系统，由时任高级工程师的汪宏和唐源负责完成。虽然唐源后来成长为某跨国公司副总裁，但当年那个历史性的项目仍让他念念不忘。据唐源透露，当年华为希望开拓海外市场，所以参加了一些国际上的通信业展览会。在某次展览会上，肯尼亚电信的高层对名不见经传的华为和华为的设备产生了一点兴趣，做了简短问询，并留下了名片。随后，具备华为"狼性文化"的销售团队立刻跟上，使用各种方法接近客户，用高质量的技术与产品报告不断加强客户的兴趣，终于得到一个重要机会：客户高层答应去中国参观华为！

"总部参观"之所以成为华为国际营销"三板斧"之一，就在于它对客户心智模式的巨大影响力。在国际营销部的精心准备下，

华为销售先带客户高层去北京和上海转了一圈。中国的巨大发展，让客户惊讶得几乎掉了下巴，马上认可了"中国"。然后，让客户参观华为公司总部。现代化的办公大楼，数以万计的研发人员和精良的开发设备，几乎全自动化的生产设备和完善的运营管理，更是让客户瞪大了眼睛。这就让客户认可了"华为公司"。最后，精心准备的产品介绍，高水平的技术交流和在中国大规模应用的实证，让客户认可了华为的"产品"。这样，客户认可了这个国家、这个公司和这些产品，终于决定试一试，挑选了在首都附近的奈瓦沙作为第一个试点项目。

按照客户订单把设备发出去之后，经过选拔两位优秀工程师汪宏和唐源被派往肯尼亚，负责督导硬件的安装，并实施软件调测。怀着一腔激情，两位年轻的工程师来到了肯尼亚，来到了这个风景秀丽的小镇奈瓦沙。但是生活条件是很艰苦的，所谓宾馆，就是两排一层楼的土制房屋，吃的是当地难以下咽的食物，没有电话与网络。后来电信局特意给他们拉了一条电话线，才总算可以拨号上网。此外，还有可怕的疟疾。幸好他们做了准备，事先吃了青蒿素，才避免得病。

实践证明，华为的工程师是优秀的。华为人扎实的技术能力，友善的待人处世方式，勤奋的工作态度，很快赢得了客户的喜爱和尊敬，甚至当地的宾馆工作人员、政府官员、商店老板，对这个小镇上仅有的两个黄种人的态度，也从好奇变成了友好。一时间，两位工程师成了小镇上的"名人"。在他们遇到困难时，所有人都会友善地给予帮助。

当然，第一次海外项目还是遇到了很多困难，甚至是很多想不到的问题。例如，非洲有很多"古老"的通信设备，采用的数据标准与中国的标准有很多不同，几乎没人熟悉。两位工程师只好通过总部协助找到相关技术文件，一点一点地去啃这些厚厚的英文技术文件。甚至一些技术细节，连文件中也没有规定，他们最后只能现场根据各种可能性来配置软件，一个接一个地不断尝试。

当时，相关的研发团队对两位工程师的支持力度也相当大，即使遇到一些匪夷所思的客户需求，研发部门也二话不说，硬是给开发了出来。例如，通信设备在运行中会产生一个重要文件，存放在系统硬盘中。为了防止这个文件丢失，国内客户无非是要求再做一个备份，放到另外一个地方。但在当地，客户却要求同时生成两个文件。因为以前曾经发生过备份文件时原来的文件丢失的情况，所以客户不放心只有一个源文件。在高速运转的系统中同时生成两个文件，还要保证绝对一致，这个从未见过的要求真是让研发部门惊呆了！好在华为开发工程师苦思冥想两天后，找到了一个非常精巧的方法，在不对系统做大规模调整的情况下，用一个补丁让系统同时生成一个镜像文件，并且两个文件互相锁定，从而成功地满足了客户的要求。

辛勤的工作、诚恳的态度和过硬的产品，终于换来了丰厚的回报。这个 ETS 项目最终胜利完成，并且在后期运转良好。数年后，唐源回到那个小镇，当地的电信局长拉着唐源的手兴奋地说："你们的设备真好，从来没有发生过故障，奈瓦沙的通信事业也开始了新的发展！"从那开始到今天，华为在肯尼亚这个国家的电信市场上，逐渐从一无所有变成了全国领军企业。多种渠道寻找机会，用心用力抓住机会，艰苦奋斗实施项目，众志成城做成标杆，这就是华为成功开拓非洲市场的开始！

2019 年 3 月，美国《外交政策》报道，华为建设了非洲大陆约 70% 的 4G 网络，远超欧洲竞争对手。就当前的各家电信供应商情况来看，在非洲市场上，没有能在成本和能力上取代华为的其他供应商。华为品牌在非洲各国已经深入人心，得到了用户一致的认可，而且可以说是不可替代的。一位在非洲奋斗了 10 年的华为人在 2018 年的《华为人》报中写道："虽然我已经离开那片土地，到了新的岗位，但我仍时不时想起在非洲的日子，怀念那近乎原始的风景，怀念北部的风沙，怀念当地的圆顶茅草屋，怀念路边炭火烧烤的 suya 香味，这一切的原始纯真都将成为我记忆的一部分，用于珍藏我的非洲岁月，怀念我那激扬的青春。"

第五节 欧洲市场

欧洲市场是华为全球化中非常重要的一站，因为欧洲是电信设备市场中最大、最先进的市场之一，世界顶级的运营商有很多总部都在欧洲，例如沃达丰、英国电信、德国电信、西班牙电信、法国电信、意大利电信等，如表 3-1 所示。这些跨国运营商在发展中国家有很多子网，例如德国电信在东欧，法国电信在非洲，西班牙电信的主要收入则来自拉美子网。这些运营商都成立了全球的集采中心，但决策的重心仍然在欧洲。所以，打开欧洲市场在华为的全球市场格局中非常重要。一旦登上欧洲这个"珠穆朗玛峰"，那么"山脚"的生意无疑就好做多了。

表 3-1 三个年代全球排名前十的电信运营商

1999 年全球前十电信运营商	2009 年全球前十电信运营商	2019 年全球前十电信运营商
日本电报电话公司	AT&T	AT&T
AT&T	日本电报电话公司	威瑞森
美国贝尔大西洋通信公司（并为威瑞森）	威瑞森	中国移动
美国 SBC	德国电信	日本电报电话公司
英国电信	法国电信	美国康卡斯特电信

续表

法国电信	沃达丰	德国电信
意大利电信	中国移动	软银
美国通用电话电子公司（并为威瑞森）	意大利电信	中国电信
美国南方贝尔	英国电信	西班牙电信
加拿大贝尔集团	美国 Sprint Nextel	墨西哥美洲电信

全球知名的电信设备供应商中，爱立信来自瑞典，西门子来自德国，阿尔卡特来自法国，马可尼来自英国。如果华为可以在这些知名厂家的家门口获得订单，将是最好的宣传。

在任正非看来，欧洲市场的重要性还体现在以下两个方面：一方面，欧洲是个利益多元化的地方，各国政府干预市场较少，能够接受华为；另一方面，欧洲有大量的人才储备，华为可以把这些基因组合起来成立研发中心，既满足华为的业务成长需要，又能改善与欧洲各国政府的关系。为此，任正非在内部讲话中说："欧洲市场绝对是华为的大粮仓，是最重要的。"

开拓市场的策略

华为是如何进入最高端和职业化的欧洲市场的呢？概括起来，有以下几点。

1. 利用商务优势，实现小客户的突破

在市场拓展早期，华为很清楚自己的力量还非常薄弱，所以没有向世界级运营商发起正面攻击，而是按照"农村包围城市"的迂回战略，通过价格利器向一些刚刚起步、非常注重性价比的规模较小的运营商发动进攻。

原华为葡萄牙服务副代表唐源分享了华为与 INQUAM 的合作案例，这是打开欧洲市场的第一步。INQUAM 是一家总部设在英国

的中等规模的跨国移动运营商，尽管较早地在英国、罗马尼亚、法国、葡萄牙和摩洛哥等国家部署了 GSM 网络，但是由于投资规模和运营能力的局限，它在移动市场上的竞争力有限。为了寻找新的利润增长点，这家运营商在了解到很多度假者抱怨在葡萄牙无法接听 CDMA 电话的事实之后，开始积极筹划投资方案，并主动地向朗讯、北电和摩托罗拉三家北美电信巨头招标，但这三家企业的报价都远远超出了它的预算。

此时，CDMA 专利巨头高通推荐了华为，这才让 INQUAM 决策层答应试试，但是他们对华为能否满足其运营规划和发展愿景，并不持乐观态度。然而，华为随后给出的产品解决方案却令他们极为震惊，不仅报价只是 3 家北美电信巨头的 1/3，其 CDMA 设备甚至可以覆盖整个葡萄牙，而且还提供了可以实现同步国际漫游、多媒体视频聊天、无线公话等完善的端到端解决方案。凭借此项目，INQUAM 在葡萄牙开通了欧洲第一个 CDMA 商业网络，在预期内实现盈利且收回投资，华为也如愿以偿地在欧洲树立了一个样板点。

2. 通过英国电信的认证，实现欧洲战略大客户的突破

利用低价利器，华为进入了一些小运营商的视线，但是如果要进入沃达丰、英国电信等高端客户的供应商名单，就必须遵守其采购流程，满足其严苛的要求。用任正非的话说，欧洲人"不差钱"，他们更注重品质和质量。合作的第一步，就是要通过其供应商认证。随着技术和创新的积累及全球化的推动，华为已经完成了从低价到高价和高质量的转型。

2005 年 4 月 28 日，英国电信宣布华为等 8 家电信设备厂商进入其"21 世纪网络"的优先供应商名单。"21 世纪网络"是一项规模极为庞大的网络升级换代工程，在技术领域几乎涵盖了所有的下一代电信网络传输技术的使用。按照计划，英国电信将在未来 5 年

内投资大约 100 亿英镑。这个消息对于每个当时在欧洲地区部工作的华为员工来说，都是振奋人心的，因为这代表着华为终于得到了欧洲高端客户的认可。

早在 2003 年，英国电信就开始与世界 300 多家电信设备制造商进行反复的谈判和沟通。这个认证过程非常严苛，总共包括质量、品质、财务、人力资源、环境、科学管理等 12 个维度，其中还有一项人权调查。英国电信为此专门跑到制造商的生产线和员工宿舍，调查员工的加班时间、待遇，进而调查供应商。其间，一家供应商因工资低于深圳平均工资，英国电信就要求华为与其解除合同，否则就取消认证。其中在"道德采购"项的考察中，英国电信对华为整个办公和员工出入的场所是否能保障人身安全进行了考察，认证官甚至还去员工食堂和厕所进行了认证。

在通过这个异常严格的认证后，欧洲市场才真正向华为开放。随后，华为陆续获得沃达丰、西班牙电信、法国电信、德国电信的认证。为了更好地"以客户为中心"，华为在欧洲也陆续成立了大客户部，专门负责针对这些大客户的销售与服务。例如，沃达丰系统部总部在德国杜塞尔多夫（海外销售第一的客户群），西班牙电信系统部在马德里（海外销售第二的客户群），法国电信系统部在巴黎，德国电信系统部在波恩。

3. 快速响应，及时解决客户的痛点

爱立信、诺基亚这样的西方电信设备供应商，主要以欧洲本地员工为主，公司内部流程也比较复杂，从对一个产品特性进行研发立项到最后交付给客户，往往需要一年以上的时间。而华为人凭着艰苦奋斗的精神和灵活的商务策略，有时几个月时间就可以提供一个新的解决方案来解决客户的痛点，这也是华为在欧洲市场实现快速切入的一个非常大的优势。

2005 年，笔者在西班牙出差时，听沃达丰系统部同事分享过一个沃达丰西班牙的无线拓展案例。从马德里到塞维利亚的高速铁路最高时速 300 公里，平均时速 250 公里，全程约 4 小时，是往来两地非常重要的交通工具之一，但乘客经常投诉高速行驶时的话音和数据覆盖质量非常差。沃达丰求助现网的西方设备供应商，但在当时这还不是普遍需求，优先级不高，设备供应商通知沃达丰，说两年后会有解决方案。于是，沃达丰抱着试试看的态度找到了华为。3 个月后，华为就回复客户，找到了解决方案。客户非常惊诧。

原来，华为上海无线研究所收到客户需求后，立即成立项目组，开会组织分析。他们租下了上海磁悬浮沿线 24 公里，建设了 20 几个基站做高速覆盖，重现和测试所有的场景，验证了解决方案。参与研发的员工达 100 多人，持续 3 个月没有周末休息。在被邀请登上磁悬浮现场测试话音、数据的场景后，客户惊讶地竖起了大拇指。就这样，华为彻底地征服了沃达丰这样的欧洲高端客户。快速响应客户需求也成为华为核心价值观之一，让其逐渐为欧洲市场所青睐。

4. 技术领先抢占市场

德国是高质量的代名词。任正非曾对华为人说，进军德国意义重大，能不能胜出就在于华为的产品究竟是不是高科技。

德国电信是德国最大的电信运营商，能够与它合作，就能占领德国大部分通信市场。2004 年年底，德国电信宣布将在德国建设 NGN（下一代网络），鉴于其用户对业务极为严格的要求，德国电信在全球范围内全面考察了多家 NGN 制造商，并要求它们将各自的设备运送到德国电信总部，展开了为期 4 个月的产品对比测试。专家报告显示，华为 NGN 解决方案——U-SYS 的业务兼容性、设备稳定性、协议标准性更胜一筹。2006 年 2 月，在众多国际巨头惊讶的目光中，华为脱颖而出，独家中标 NGN 项目。德国电信同时还宣布，将与华为结成战略合作伙伴，共同建设覆盖德国全境 200 多个城市的 NGN 网络。到 2017 年，华为在德国的销售额已经达到了 20 亿美元，华为德国代表处是欧洲各国中销售额最高的代表处。

开拓市场中遇到的挫折

华为进军欧洲市场并非一帆风顺，笔者也曾目睹华为收购马可尼受阻。马可尼公司始创于 19 世纪 80 年代，曾是世界上发展最快的 ICT 公司之一。过去几十年里，马可尼在世界电信设备行业中占有重要席位。2005 年 8 月，马可尼公司首席执行官麦克·帕顿确认，该公司已与华为初步商定收购事宜。当时，马可尼表示公司处境艰难，将考虑各种可能的"出售"方式。华为有意以约 6.82 亿英镑的价格收购马可尼。

当时的华为欧洲总部在英国贝辛斯托克，是雷丁（Reading）边上的一个小镇，成本太高，笔者临时受命负责欧洲技术部门的搬迁选址。搬迁考察正逢马可尼濒临破产之时，笔者多次到英国考文垂进行考察，希望多收编一些马可尼的优秀员工。相比于马可尼的研发队伍，华为更看重该公司的销售和市场营销团队。一方面，华为需要一个强有力的服务和支持团队来支持其成功担任英国电信"21世纪网络"优先供应商；另一方面，它也想借马可尼之势提升和巩固欧洲市场的地位。华为和马可尼双方曾在产品层面有过一些合作，所以对于收购来说，华为也算是"近水楼台"，但最终却被爱立信"插足"。2005 年 10 月 25 日，爱立信以 12 亿英镑收购了马可尼大部分电信业务，马可尼约 75% 的业务和资产并入爱立信。爱立信希望通过此举阻止华为在欧洲市场上的迅速成长，同时也避免自己在欧洲的市场份额进一步受到挤压。

另外值得一提的是，欧洲地区部一直是华为中方外派员工最想去的两个地方之一（另外一个是美国），所以能被派到欧洲常驻的员工中，有很多都是工号排在前面的老员工，或是各条战线的精兵强将，绝非等闲之辈。例如，2005 年笔者刚被外派到欧洲地区部时，地区部总裁是工号 10 号的徐文伟，CFO 是工号 3 号的张燕燕，商务副总裁是 27 号李红滨，财务总监颜伟敏的工号也非常靠前。由于是高端市场，职业化水平高，随着华为所向披靡地打开欧洲市场，这里也涌现出了很多干部，现在已经成为华为公司董事会的高层管理者，例如徐文伟、余承东、阎力大、陶景文、汪涛、彭博和赵明等。

第六节　美国市场

美国电信用户数量庞大，且每用户平均收入（ARPU 值）大约为 50 美元，在全球处于最高水准。美国数据产品市场规模也大，约占全球市场的 30%，所以它是任何一家通信设备商都不可忽视的重要市场。移动通信起源于美国，不少美国移动通信企业具有强大的创新能力。1999 年，入围世界 500 强的 19 家电信企业中，有 10 家在美国；2009 年，有 5 家美国电信公司位列世界 500 强；2019 年有 4 家，AT&T 和威瑞森更是占据了前两位，中国移动也只能排在第三。所以，美国市场对于华为来说一直是非常重要也绕不开的市场，然而因为知识产权问题和美国政府对国家安全的疑虑等，时至今日，华为都没有取得较大的突破。

2013 年 9 月 5 日，任正非在无线业务汇报会上发表了《最好的防御就是进攻》的讲话，提出："我们要走向开放，华为很快就是世界第一。总有一天我们会反攻进入美国的，什么叫潇洒走一回？光荣地走进美国。"

那么，华为在美国的开拓过程中又经历了什么呢？

华为一直怀着"美国梦"

任正非一直很推崇美国的奋斗者文化。1997年访问美国时,他横跨美国大陆,从东向西访问了休斯飞机、IBM、贝尔实验室与惠普等公司,并写下了《我们向美国人民学习什么》。任正非一直非常敬佩IBM,希望学习其管理经验和变革经验。在贝尔实验室,他说:"我年轻时就十分崇拜贝尔实验室,仰慕之心超越爱情。"贝尔实验室对人类有着伟大贡献,这里产生过7位诺贝尔奖获得者。任正非对贝尔实验室的科学家的忘我奋斗精神十分佩服。即使在当前中美贸易摩擦的背景下,任正非仍认为美国是很伟大的国家,欣赏它先进的制度、灵活的创新机制、清晰的财产权、对个人权利的尊重与保障。这些机制吸引了全世界的优秀人才,并推动他们在美国的土地上投资和创新。他认为,华为不能因为美国小小的差错就恨它。

华为在美国市场一直步步为营。早在1993年,华为就在美国的硅谷建立了芯片研究所;1999年,华为在达拉斯开设研究所,针对美国市场开发产品;2001年,华为在美国得克萨斯州成立全资子公司FutureWei,开始向当地企业销售宽带和数据产品,正式进军美国市场;2003年,为了寻找新模式,华为与3Com成立了合资公司,在美国利用3Com的品牌及它的经销渠道让产品迂回进入美国;2007年,华为首次与美国移动运营商Leap Wireless达成合作,在美国西北部地区部署CDMA 3G网络;2009年,华为被美国电信运营商Cox Communications选中,为其提供端到端的CDMA移动网络解决方案。

思科的官司让华为在美国受挫但却名扬四海

2002年,华为刚进入美国市场时主打性价比,甚至在广告中直接暗示华为产品与思科的相比,"唯一不同的就是价格"。由此,

2002 年华为的美国市场销售额比 2001 年度增长了将近 70%。虽然当时华为在美国的销售额总量并不大，但这立刻让思科感到了巨大的威胁，并将其列为第四代竞争对手。

思科是全球通信设备巨头，它在全球数据通信领域的市场占有率高达 70%，且拥有巨大的舆论优势。2003 年，面对华为的挑战，思科展开攻势，在美国得克萨斯州东区联邦法庭起诉华为侵犯其知识产权，该诉讼涉及 8 大类、21 项侵权指控。长达一年半的诉讼过程中，华为积极应对，双方最终达成和解。这场纷争严重影响了华为在美国市场的声誉，使其业务进展非常缓慢，但却意外地让华为在国际市场上名扬四海，成为华为全球化进程中的一个重要里程碑。

一系列的并购与销售受阻

2008 年，华为与贝恩资本联手并购 3Com，却被美国海外投资委员会否决。原因是美国情报部门认为华为收购 3Com 的交易对美国国家安全造成了威胁。2010 年，华为以 200 万美元的价格收购了 3Leaf（三叶系统）公司的一些专利。虽然它曾就收购涉及的问题向美国商务部申请许可，并获得美国商务部"无须许可"的批示，但该交易还是被美国海外投资委员会判定为威胁美国安全，并最终被撤销。

2009 年，华为与 AT&T 的 4G 设备合约被美国国安局干预；2010 年，华为与 Sprint 的 4G 合约又被美国商务部干预；2012 年 10 月，华为更是遭到美国国会调查，其报告称，华为的设备对美构成国家安全威胁。从那时起，华为就被迫退出了美国电信设备市场，美国也几乎没有给华为任何直接进入美国市场的机会。虽然华为在美国市场的营收从 2006 年的 4000 万美元升至 2011 年的 13 亿美元，但这主要来自智能手机等设备，并没有大的电信网络设备的突破。

面对通信市场的打击，华为从 2010 年开始了战略转型和布局：在网络设备之外，开拓了消费者业务和企业业务。针对美国市场，华为开始寻求新的发展策略。一方面，它将美国的业务布局重点由电信设备业务转向消费者业务；另一方面，则更加注重研发和知识产权的专利保护，试图在技术方面突破竞争对手的制约，减少专利纠纷。2015 年，华为开始与谷歌合作，帮助谷歌生产 Nexus 6P，试图通过手机代工打入美国四大运营商的销售渠道；2016 年，华为与微软、英特尔合作推出的 Matebook 在美国上市，并进驻微软百家旗舰店。任正非说："华为整个公司只有把战线变得尖尖的，才能突破美国对我们的封锁。否则就把公司的能力拉得平平的了，什么城墙都攻不破。"然而转战消费者业务的华为进展也不顺利，美国智能手机销量的 80% 以上都来自电信运营商渠道，而华为一直没有得到美国运营商的支持。

2018 年，华为经过长时间的谈判，终于与美国第二大移动运营商 AT&T 达成合作意向，销售旗舰手机 Mate 10，并计划在美国 CES 中公布这一消息。为此，华为斥巨资在美国多个城市设立广告宣传牌。但由于政府施加压力，该合作被迫取消，华为承受了巨大的经济损失。同年，另一大巨头威瑞森也出于政治压力放弃了与华为的合作。没有运营商的合作，华为只能通过零售店、电商渠道销售手机，在渠道方面已经输于三星、苹果。余承东曾透露，丢掉来自运营商的支持，对于华为和消费者来说都是一个重大的损失。

2018 年 4 月 17 日，美国联邦通信委员会又规定禁止使用联邦资金从被认定对美国国家安全构成威胁的公司处购买网络设备，这进一步限制了华为的美国业务，使得小型运营商更加难以购买华为的电信设备。2019 年 8 月 1 日，美国总统特朗普在白宫草坪前接受媒体采访时表示："在不涉及国家安全的方面，我们可以和华为做生意，但任何涉及国家安全的事情，我们都不会与华为打交道。"

"实体清单"禁令使华为雪上加霜

2019 年 5 月 15 日，在特朗普签署行政令后，美国商务部发表声明称，将华为及其 70 个关联企业列入美方"实体清单"，禁止华为在未经美国政府批准的情况下从美国企业获得元器件和相关技术。华为推出的手机也将无法再使用谷歌服务和应用。这一禁令或许对华为中国市场影响不大；但对其国际市场的打击是巨大的，几乎所有安卓手机都搭载有谷歌商店，以及谷歌浏览器、谷歌地图、YouTube 等应用软件。

任正非坦言，没有想到美国这次打击华为的力度如此之大，未来两年华为手机可能会减产 40%，预计销售额将下降 300 亿美元。由于美国将华为公司及下属多家子公司纳入"实体清单"，华为在美国的子公司 FutureWei 的业务运营受到了很大的限制。因此，FutureWei 不得不于 2019 年 7 月 22 日起裁员 600 余人，一下子裁去了 70% 的员工，剩下的 200 多名员工可能只能维持公司的基本运转。长久以来，FutureWei 都是华为在海外重要的技术研发子公司，2018 年其研发投入为 5.1 亿美元。据美国专利局数据，FutureWei 已经在电信、5G 蜂窝网络、视频和相机技术等领域申请了 2100 多项专利。

专利许可费之争

2019 年 6 月，华为要求美国最大的运营商威瑞森支付超过 230 项专利的许可费用，总金额超 10 亿美元。早在 2019 年 2 月，华为就提出要"解决专利许可费问题"，这些专利涉及威瑞森的 20 多家供应商公司的网络设备，其中包括一些美国主要科技公司。美国议员马尔科·卢比奥"痛批"华为报复美国，他要求在新的美国国防授权方案修正案中加入不承认华为在美国的专利的内容，不允许华为起诉美国公司侵犯其专利。

2019年6月27日，华为第一次对外发布创新和知识产权白皮书。华为首席法务官宋柳平表示："如果知识产权沦为政客的工具，将伤害人们对专利保护制度的信心。如果某些政府选择性剥夺一些公司的知识产权，将会摧毁全球创新的根基。"宋柳平称，科技创新需要开放共享，讲究合作共赢。知识产权保护制度恰恰是这种精神的最佳体现。"华为愿意与全世界，包括美国公司和美国消费者，继续分享5G等技术成果，促进产业发展和人类进步。"

美国之路任重而道远

2019年7月29日，华为心声社区发布了华为创始人任正非接受美国《雅虎财经》采访的纪要。面对美国的各种打压和制裁，任正非表达了自己的自信和开放的胸怀，他说："我们不存在完全死亡的危险，越先进的产品越不存在死亡的可能，我们已做了备份。比如5G，很多最先进的芯片只有我们拥有；全世界的光芯片，只有我们最先进。我们的很多产品可以脱离美国生存，但是我们愿意继续和美国合作，为人类信息社会共同担负起责任来。华为不是野心家，不想称霸世界，而是和世界合作，一起为人类实现信息社会的理想而服务。全世界是不平衡的，不断的经历对我们就是考验。这次对我们应该是最大的一次考验，我们到底能不能活下来？我可以说，一定能活下来。我们一定会与美国继续保持友好，不会因为几个政客打压我们就恨美国。"

华为能否进入美国，这已经不仅仅是技术、商务或者营销等企业层面的问题，更是一个行业和政治问题，所以说，华为进入美国市场之路任重而道远。华为的案例表明，在全球化的道路上，无论你做得好还是不好，肯定会面临某些国外政治势力或竞争对手的打压，他们一定会想方设法地阻碍你，不会让你自由地壮大。打铁还需自身硬，一定要逐步培养企业自己的全球化竞争力。

04
华为全球化的成功经验

第一节 全球化的企业文化体系

华为全球化为什么会如此成功？解开这个奥秘的钥匙，有人说是高瞻远瞩的国际化战略，有人说是济济一堂的全球化人才，还有人说是滴水不漏的项目运作，但最佳答案应该首推华为的企业文化。企业拥有真正的文化，好比一个人有独立的性格，在性格的指引下，他会持续不断地去做他认为有必要、有价值的事情，即便环境发生变化，他做事的态度、方法和精神也始终不会改变，而且会变得更加睿智，效率更高。

任正非认为资源是会枯竭的，唯有文化才能生生不息。他说："人类所占有的物质资源是有限的，总有一天石油、煤炭、森林、铁矿会被开采光，唯有知识会越来越多。以色列是我们学习的榜样。一个离散了两个世纪的犹太民族，在重返家园后，他们在资源严重贫乏、严重缺水的荒漠上，创造了令人难以相信的奇迹。他们的资源就是有聪明的脑袋，他们是靠精神和文化的力量，创造了世界奇迹。"华为非常注重企业文化和核心价值观，公司从上到下，每个人和每个组织是企业文化的思考者和践行者。本章将从三方面来谈谈华为全球化的企业文化。

华为核心价值观的形成历程

华为"以客户为中心，以奋斗者为本，长期坚持艰苦奋斗"的核心价值观的形成，经历了四个阶段[①]：

第一阶段：1987—1996 年，文化野蛮生长期

20 世纪 90 年代初，华为开始关注企业文化；90 年代中后期，华为开始有意识地构建企业文化。1995 年，华为开展"华为兴亡，我的责任"企业文化大讨论，还推出了《华为人行为准则（暂行版）》，共列出 14 条行为准则。另外，华为也有一些价值主张型的口号。比如研发人员"板凳要坐十年冷"，又比如"质量是我们的自尊心""胜则举杯相庆，败则拼死相救""狭路相逢勇者胜""是太阳总会升起，是金子总会发光""烧不死的鸟是凤凰""决不让雷锋穿破袜子，决不让焦裕禄累出肝病来"……这些口号看起来很随意，但其实是有逻辑的，它们逐步形成了华为的文化要素。

第二阶段：1997—2005 年，《华为基本法》理性成长期

1998 年颁布的《华为基本法》历经 3 年出台，意味着华为完成了对其企业文化的系统思考。《华为基本法》是一个里程碑，是思考的成果总汇，构建了华为企业文化的基本假设系统。任正非在 1997 年 3 月 23 日《华为基本法》审定会上说过一句话："基本法通过之时，就是基本法作废之时。"该怎么理解任正非的这句话呢？得分两个层面来理解：一方面，基本法已经深入华为员工的潜意识中，文本已经变得不重要了。讨论了 3 年，正式修改了 8 稿，为此召开了无数次会……那时华为人每周休息一天，每周六上午须回公司学习基本法；每年春节放假前，《华为人》报都会把最新的基本法文稿刊登在报纸上；任正非年终讲话的时候，给干部布置的作业

---

① 吴春波：《华为核心价值观的演变》，《企业文化》，2017 年第 19 期。

就是回家学基本法，回来时交学习的心得体会。如此做法，让《华为基本法》渗入了全体华为人的思想。另一方面，基本法的很多内涵在变与不变的过程中不断深化。

第三阶段：2005—2011年，国际化时期

《华为基本法》有浓重的中国特色，甚至有浓重的大学学者特色。此举没有先例，实为中国企业界的一朵"奇葩"。但走向国际化之后，华为力争将企业文化做得更规范一些，更国际化一些。为了使华为的核心价值主张与国际接轨，融入国际语言语境，华为做了几件典型之事：

（1）2005年5月8日，华为更换标识。华为过去的标识是红太阳，11根线，一轮红日喷薄而起；而新的标识变成了红菊花，8条线。

（2）伴随着新标识的推出，华为重新界定了愿景、使命和战略。其中，与国际接轨的愿景被定义为"丰富人们的沟通和生活"。使命则变为"华为的追求是实现客户的梦想，聚焦客户关注的挑战和压力，提供有竞争力的通信解决方案和服务，持续为客户创造最大价值"。与愿景、使命同时推出的是华为的四大战略，总共4句话。（1）为客户服务是华为存在的唯一理由，客户需求是华为发展的原动力。（2）质量好、服务好、运作成本低，优先满足客户需求，提升客户竞争力和盈利能力。（3）持续管理变革，实现高效的流程化运作，确保端到端的优质交付。（4）与友商共同发展，既是竞争对手，也是合作伙伴，共同创造良好的生存空间，共享价值链的利益。

从《华为基本法》到新愿景、使命和战略的推出，其中出现最多的一个词就是"客户"。

愿景中的"人们"是客户，使命是客户，战略还是客户，而《华为基本法》用得最多的词是"我们"。"我们"是以自我为出发点的，由"我们"变成"客户"，这是一个重大转变。过去华为强调"我

们要干什么，我们怎么做，我们主张什么，我们坚持什么"，而自此之后，华为由"我们"转向"客户"。尽管这个用词看起来很简单，但这象征着思考基点的转变，华为的出发点和立足点都发生了实质性的转变。

从 2007 年 EMT（经营管理团队，华为日常经营的最高责任机构）启动核心价值观的修订，到 2008 年任正非正式提出"以客户为中心，以奋斗者为本，长期艰苦奋斗"的核心价值观，这是华为发展历程中的一个里程碑事件。

2010 年 1 月 20 日，任正非发表了《以客户为中心，以奋斗者为本，长期坚持艰苦奋斗是我们胜利之本》的文章，标志着华为新时期核心价值观正式形成。华为如今的核心价值观，是对华为 30 多年的实践、世界范围内大企业兴衰的历史经验和任正非大半生经历的精辟总结，其深刻性、前瞻性，怎么评价都不过分。

第四阶段：2012 至今，全球化时期

这个阶段的时代背景是华为"登顶"，实现了任正非 1994 年提出的"三分天下，华为必有其一"的目标。实际上，华为是从 2008 年开始"三分天下"的，2013 年，它成为全球通信制造业的"老大"，到如今已进入了"无人区"。在这个阶段，组织最容易出现自我满足、安于现状和不思进取的情况。

在华为成立 20 年之际，任正非从 8 个方面对华为 20 年的成败得失做了总结。他还站在财经系统、研发系统、市场系统、行政系统、人力资源系统等立场，做了 8 个不同主题的讲话，比如大家熟知的《深淘滩，低作堰》《从汶川特大地震一片瓦砾中，一座百年前建的教堂不倒所想到的》。这 8 篇系统的文章，既是对华为成立 20 年的纪念文章，也标志着他完成了对华为文化在新时期的思考。面对变化的时代背景，华为进入组织变革期，开始改变自己。任正非正是通过洞察人性，激发出华为人的生命活力和创造力，从而让企业激发持续发展的活力。

在这个阶段，"以客户为中心"是方向，"以奋斗者为本"是导向，"长期坚持艰苦奋斗"是价值主张。这三句话兼顾了内部和外部——内部是奋斗者，外部是客户；兼顾了过程与结果——奋斗是过程，客户是结果；兼顾了短期和长期——"以客户为中心，以奋斗者为本"是短期，"长期坚持艰苦奋斗"是长期；兼顾了付出与回报——付出为客户，"以奋斗者为本"是回报。"以客户为中心"是"力出一孔"的力，"以奋斗者为本"是"利出一孔"的利，两者相互作用，保证了这个机制的落实。2013 年，任正非通过一系列文章进一步强化了"力出一孔，利出一孔"。

随着数字化智能化时代的到来，2017 年年底，华为更新了自己的愿景与使命。这标志着华为又将进入一个新的万物互联的智能世界：华为致力于把数字世界带入每个人、每个家庭、每个组织，构建万物互联的智能世界。

华为企业文化在全球的传承

华为对企业文化的传承有一套严格的规范制度，在海外也不例外。无论在海外哪个办公室上班，华为员工每天打开电脑后的第一件事，都是看看华为 W3 公告栏上的信息；晚上下班前，又会浏览一下华为的心声社区，其中包括任正非最新讲话、公司最新的制度发文、公司最新的市场突破和总裁嘉奖令、最新的干部任免、变革项目的进展等信息。

公司的《华为人》、《管理优化》、心声社区等会对公司和员工的关键事件进行整理和宣传。《华为人》宣传的是华为新闻和华为人的奋斗故事；《管理优化》侧重于内部的管理改进，18 级以上的管理者必须阅读和定期留言写心得,否则会被通报批评。对一些重要政策和任正非讲话,人力资源部门经常会组织正式会议讨论,或者所有管理者输出自己的心得。另外,华为大学有专门的华为文化培训课程,高研班有专门的华为文化研讨,这些都进一步确保了华为文化在公司内部各层级的员工中的传承与深化。

随着华为在海外的快速发展,当地员工的数量越来越多,比例越来越高,不同国家、不同种族之间的文化差异是显而易见的。为了确保华为所有员工同频共振,"力出一孔,利出一孔",让当地员工也充分理解华为文化并传承华为核心价值观,激发他们的使命感和责任感,华为主要采取了以下三个办法:

首先,发挥中方主管和部门中方外派员工的传递作用。中方主管和中方员工天天和当地员工一起工作,言传身教的作用非常大。这对他们的职业化水平要求很高,要求他们放开心态,积极吸收当地文化中积极进取的一面,在业务与专业化上向当地的优秀员工学习,鼓励并提倡学习型组织,鼓励团队开放、进取、互助。这样整个组织才能被激活;组织激活了,绩效才能高。

其次,在本地团队中树立好的标杆。标杆的作用是无穷的,让当地标杆员工用自己的理解和行动去影响其他员工,这样,还可以进一步巩固当地团队的稳定性。

最后,给当地员工提供到中国工作、参加培训或者陪客户到深圳总部参观的机会。大部分海外员工加入华为前都没有来过中国,对中国的印象也和很多海外客户一样,停留在落后上。来中国一趟,可以立即增加当地员工的归属感和认同感,当地员工也非常珍惜每一次去中国的机会,会拍很多照片和家人分享。总之,只有当地员工团队从思想上真正认可了华为的企业文化,他们内心的使命感才能被激发,才能从心理上有归属感,主动自觉地融入团队,主动承担组织任务，实现组织的高绩效。

企业文化的建设，不仅靠任正非本人推动，也有赖于全体员工的参与。不同层级的员工在文化建设过程中所起的作用不同。高层管理者把握企业文化发展的方向，中层管理者根据公司导向着力建设组织文化，基层管理者搞好团队建设，起到"传、帮、带"作用，普通员工立足岗位，做好本职工作。华为在不同的全球化发展阶段需要解决不同的核心命题，例如"集体奋斗""如何分钱""职业化""国际化""以客户为中心""诚信"等，文化建设必须配合公司战略来进行。

华为全球化成功的秘诀在于企业文化，核心的企业文化不仅传递给了中方员工，还一层一层地传递给了海外的本地员工，使他们真正融入了华为的海外军团，一切以客户为中心，切实做到"力出一孔，利出一孔"。而反观很多出海的中国企业，往往把很大的重心放到拓展业务、发展客户上，却忽略了核心企业文化的传递。从长远的角度看，后者更加重要。

第二节 全球化的管理体系

2004 年，哈佛商学院曾经派团在华为调研 10 天，研究华为全球化案例。在调研之前，这些教授们的假设是，华为在海外市场的成功主要得益于两个方面：低价竞争和政府支持。但是他们在调研华为之后，完全改变了看法。他们认为，华为之所以在海外市场取得成功，最重要的就是引进了西方的管理制度,并把西方成功的管理、结构、流程、运作等方式系统地引入华为，然后再结合华为自身情况加以发展利用。华为全球化的成功,离不开全球化的管理制度体系。可以说，全球化的管理体系是华为的核心竞争力。

任正非曾说过："我们20年来，有自己成功的东西，我们要善于总结出来，我们为什么成功，以后怎样持续成功。再将这些管理哲学的理念，用西方的方法规范，使之标准化、基线化。这有利于广为传播与掌握并善用之，培养各级干部，适应工作。只有这样我们才不是一个僵化的西方样板，而是一个有活的灵魂的、管理有效的企业。"

那么，华为是怎么建立先进的全球化管理体系的呢？

从1997年开始，华为引入了一些国际著名企业为其做管理咨询，统计如表4-1所示。

表4-1　1997—2010年华为引进的全球化管理体系

合作时间	咨询管理合作公司	变革领域
1997	合益	人力资源管理
1998	IBM	集成产品开发与集成供应链
1998	IBM	IFC（集成财经系统）
1999	弗劳恩霍夫应用技术研究院（Fraunhofer）	自动化设计与质量管控体系
2000	PwC	财务管理
2000	毕马威	审计管理
2001	盖洛普	外部客户满意度调研
2006	日本丰田退休董事团队	质量控制和生产管理
2007	埃森哲	客户关系管理
2010	IBM	LTC（从线索到现金）销售管理

合益集团：人力资源管理

1997年，华为邀请美国合益集团进驻华为，逐步建立并完善了职位体系、薪酬体系、任职资格体系、绩效管理体系，以及各职位系列的能力素质模型。

在此基础上，华为逐渐形成了自己成熟的干部选拔、培养、任用、考核与奖惩机制。早期，合益帮华为设计了三张表格，用来客观评价正常情况下每个岗位的能力要求、风险和责任度，每一个岗位对应相应的级别，从而建立起了 25 级的薪酬架构体系。这样就实现了公司内部价值分配的相对公平。更重要的是，在规范的 HR 机制下，华为的人力资源部每天可以对数万名员工进行精确的绩效考核，人力资源配置、职务晋升、加薪、配股等关键问题逐步摆脱了人为因素的影响，使敏感问题不再敏感，各类能人志士所渴望的公平竞争，也因此水到渠成。由此，任正非曾说过华为的成功之处是"分钱分得好"。

IBM：IPD、ISC 和 BLM 的引进

郭士纳（时任 IBM 集团 CEO）曾大刀阔斧地进行管理改革，将庞大而僵化的 IBM 拯救出泥潭。任正非被 IBM 高管所展示的 IPD 管理模式所打动，下定决心，无论花多少钱，也要让华为学会这套东西。IBM 的报价也毫不客气，向华为派出 70 位顾问，每人每小时收费 300~680 美元不等，驻扎 5 年，手把手教，总账算下来，华为至少要掏 20 亿元！花 20 个亿上马一套研发管理系统，这无疑颠覆了当时中国企业界的认知。但任正非异常坚持，甚至连还价都省了，还反问劝他还价的同事："你砍了价，能对项目的风险负责吗？"

1998 年 8 月 29 日，任正非召开动员誓师大会，第一批 50 多位西装革履的 IBM 顾问进驻华为，300 多名业务骨干被从研发、市场、生产、财务等部门抽调出来，只为配合 IBM 顾问们的工作。在大会上，任正非宣布华为要在 3~5 年内，集中上马 IPD、ISC、BLM（业务领导力模型）等 8 个管理变革项目，甚至拍着桌子喊道："谁要是抵触变革，就得离开华为！"

1. IPD 整合

1999 年，华为面临严峻挑战：（1）公司规模越来越大，收入增长的同时毛利率却大幅度降低，人均税前收入也比竞争对手低；

（2）新产品迟迟不能推出，开发周期比竞争对手长；（3）产品功能不比对手少，但稳定性和可靠性远不如竞争对手。人均效益只有思科、IBM 等同类企业的 1/6 至 1/3。任正非认识到，如果不建立一套科学规范的管理体系，就不能从本质上解决这些问题，难以大规模进入国际市场，"三分天下有其一"只能是个梦想。

任正非决定，华为要从产品开发这一源头入手，提高产品投资收益，解决公司系统性问题。引进 IPD 流程的目的就是通过变革产品的开发模式，缩短产品上市时间，降低费用，提升产品质量，最终提高华为产品的盈利能力。华为首先进行了 IPD 整合。IPD 即集成产品开发，是一套产品开发的模式、理念与方法，强调以市场和客户需求作为产品开发的驱动力，在产品设计中就构建产品质量、成本、可制造性和可服务性等方面的优势。刚开始，IPD 在华为的实施十分艰难。但是任正非铁腕地将推行 IPD 上升到华为的生存层面，他说："IPD 关系到公司未来的生存和发展。各级组织、各级部门都要充分认识到其重要性。通过'削足适履'来穿好'美国鞋'的痛苦，换来的是系统顺畅运行的喜悦。"任正非希望华为穿上 IBM 的鞋，迅速走上国际化管理的轨道。

2. ISC 整合

企业之间的竞争其实也是供应链之间的竞争。ISC 流程对华为改造的两个关键目标是提高客户的满意度，以及降低供应链的总成本。IBM 专家经过研究和论证，认为华为的核心竞争力在于技术的领先和市场的优势。在供应链管理的过程中，只要牢牢把握住核心竞争力，其余非核心部分完全可以外包出去，让那些专业公司分包。

在流程再造过程中，华为的生产部门、计划部门、采购部门、发货部门、仓库、进出口物流部门合并，组成公司的供应链管理部。供应链管理部负责将生产、发货、物流、包装和库存等环节，通过公开招标外包出去。华为的供应链管理部则演变成一个计划、认证和管理部门。由此，华为基本实现了零库存和一周内交货的快速反应能力。集成供应链不仅是一种物质的供应链，也是集财务、信息和管理模式于一体的解决方案。任正非曾经在内部会议上说："集成供应链解决了，公司的管理问题基本上就全部解决了。"这为华为日后成为世界级企业打下了坚实的基础。

3. BLM 整合

2007 年之后，华为不仅要做世界级产品，还要成为世界级企业。为此，华为把 IBM 的领导力发展体系导入公司。IBM 的 BLM 是一个完整的战略规划方法论，共分为三部分。最上面是领导力和价值观，公司的转型和发展归根结底在内部是由企业的领导力来驱动的；下面的两部分被称为战略和执行，一个好的战略设计会包含两部分，好的战略设计与强大的执行。没有好的执行，再好的战略也会落空。但执行不是空谈，在规划时需要具体的内容。

BLM 认为企业战略的制定和执行部分包括 8 个相互影响、相互作用的方面，分别是战略意图、市场洞察、创新焦点、业务设计、关键任务、氛围与文化、人才、组织。要保证战略执行，组织是否有效匹配战略、人才的数量和质量是否匹配战略需求、文化和氛围方面是否支撑战略、激励是否能有效促进战略的实施等，都是必须要解决的问题。这个模型工具正好可以弥补业务部门战略落地的缺失，促进业务和人力资源战略的有效连接。

各部门在制定 SP（中长期战略规划，春季计划）和 BP（年度经营计划，秋季计划）时，各显神通，把这套在 IBM 内部都只作为战略议题研讨和领导力提升的框架，从各层面、各维度进行了实战化、工具化。采用 BLM 战略与执行方法论，公司各级部门（含地区部代表处）都要制定一个 1、3、5 年的 SP，俗称"80X"规划。这个规划每年滚动制定，既有长期战略，也有一年的短期关键任务和目标，并且在每年初，公司会将SP进行战略解码，分解到各个部门的BP和KPI（关键绩效指标），落实到PBC（个人业务承诺计划），打通从战略到执行的通道，最终落地达成战略目标。这使得华为业务发展变得更加稳健，方向可控，目标清晰可预测。不得不说，华为最近10年的快速稳健发展，得益于采用了BLM的战略规划工具。

德国弗劳恩霍夫：质量控制和生产管理

在德国弗劳恩霍夫应用技术研究院的帮助下，华为对整个生产工艺体系进行了设计。包括立体仓库、自动仓库和整个生产线的布局，从而减少了物料移动，缩短了生产周期，提高了生产效率和生产质量。同时，华为还建立了严格的质量管理和控制体系。很多合作伙伴对华为生产线进行认证时，都认为它的整个生产线是亚太地区一流的。华为还建立了一个自动物流系统，使原来需要几百个人的库存管理，降到仅需几十个人，并且确保了先入先出。

普华永道（PwC）：财务管理变革

华为通过与普华永道的合作，不断推进核算体系、预算体系、监控体系和审计体系流程的变革。在以业务为主导、以会计为监督的原则指导下，共同实现了业务流程端到端的打通，构建了高效、全球一体化的财经服务、管理、监控平台，能更有效地支持公司业务的发展。落实财务制度流程、组织机构、人力资源和IT平台的"四统一"，以支撑不同国家、不同法律业务发展的需要；通过建设审计、内控、投资监管体系，降低和防范公司的经营风险；通过"计划—预算—核算—分析—监控—责任考核"这一闭环的弹性预算体系，以有效、快速、准确、安全的服务业务流程，利用高层绩效考核的宏观牵引促进公司经营目标的实现。

到目前为止，华为公司在国内的账务已经实现了共享，并且实现了统一的全球会计科目编码，海外机构已经建立财务服务和监控机构，实现了网上财务管理。华为还建立了弹性计划预算体系和全流程成本管理的理念，建立了独立的审计体系，并构建了外部审计、内部控制、业务稽核的三级监控，以此来降低公司的财务风险和金融风险。

盖洛普：第三方客户满意度调研

如何更好地吸引客户的视线，提高华为的竞争力，在与国外大公司竞争中力争上游？销售再好，若没有卓越的服务网络，也会在市场上栽跟头。为此，许多外国大公司十分重视服务。任正非也日益认识到为客户提供尽可能完善的技术服务的价值。于是2001年，华为委托权威调查机构盖洛普咨询公司为其进行"客户满意度调查"。这是一次全方位的调查，涉及华为的品牌价值，产品质量，售前、售中、售后服务等方方面面。

目前，第三方满意度调查已成为华为改善工作质量的指挥棒。根据每年的调查结果，质量运营部会组织相关部门进行分析整改，各级主管作为第一责任人重点进行监控落实。如此不断地改进，使得华为的客户满意度不断提升。

日本丰田退休董事团队：质量控制和生产管理

丰田不属于IT制造业，可见华为学习的不是技术，而是企业经营管理中的先进做法。技术只能靠自己研发，高质量产品只能靠自己制造，但是实现一流的技术研发和产品制造，就必须有现代化、再现代化的经营管理。

任正非说："日本丰田公司的董事退休后带着一个高级团队在华为工作了10年，德国的工程研究院团队在华为也待了十几年，这才使我们的生产过程走向了科学化、正常化。从几万块钱的生产开始，到现在几百亿美元、上千亿美元的生产，华为才能越搞越好。为此，我们每年花好几亿美元的顾问费。"

埃森哲：客户关系管理

2007年开始，华为聘用埃森哲启动了CRM（客户关系管理），加强"从机会到订单，到现金"的流程管理。2008年，华为与埃森哲对CRM体系进行重新梳理，打通"从机会到合同，再到现金"的全新流程，提升了公司的运作效率。

2014年10月，华为和埃森哲正式签署战略联盟协议，共同面向电信运营商和企业ICT技术两大市场的客户需求开发，并推广创新解决方案。时任华为轮值CEO的徐直军对此表示："在现实世界与数字世界加速融合的时代，任何单独一家企业都很难满足客户的所有需求。企业需要开放合作，整合优势资源和能力，共同助力客户成功。与埃森哲的合作，将进一步加强华为在企业ICT市场的能力，使我们在丰富的产品组合的基础上，为企业和运营商客户提供更多创新的软件和服务解决方案，帮助其提升效率和增加收入。"

海外一线管理心得

结合笔者在华为海外一线工作13年的经历来看，以上这些管理制度可以说渗透到了华为全球化的所有领域，笔者感受最深的是以下四个方面：

1. 合益的人力资源管理

华为从合益引进并形成了"以岗定级，以级定薪，人岗匹配，易岗易薪"的薪酬管理 16 字基本方针,这个方针也被同步执行到海外,让华为形成了先进的"选、用、育、留"制度。

海外的员工一方面能获得合理的薪酬和根据自己绩效产生的奖金,同时还能获得长期的股权激励,即使是当地员工,也能获得类似的 TUP(奖励期权计划)激励。这样就分好了钱,大家的战斗力就上去了。华为人在海外,即使面临艰苦的环境和难搞定的客户,也不断发挥着"亮剑"精神,艰苦奋斗,毫不退缩,这也是华为在海外攻城略地、全球化取得成功的坚实基础。

华为每年 5 月左右就开始就年终奖的分配与员工进行沟通,这是大家最期待的一件事。奖金少了不好分,奖金多了也不好分,如何通过好好分钱来传递企业文化,是摆在每一位华为管理者面前最大的挑战。对于管理者来说,奖金是管理工具,奖金的目的在于激励员工更好地为客户和公司创造价值。一位合格的管理者绝不是"好好先生",不仅要让员工看到希望,也要合理引导和管理员工的期望;不仅要告诉员工前面风光无限,也要告诉员工将来可能会碰到的挑战和要提高的方面。

笔者在海外一线担任主管时,每年都非常重视奖金沟通,一定会非常正式地预约好时间,与每一位员工单独面对面沟通。在沟通奖金前,笔者一般会让员工先讲讲自己对工作表现的总结,笔者再反馈一下作为主管的感受,并针对部门目标,提出要改进的方面,同时也表扬其做得好的方面,感谢其为公司做出的独特贡献,并希望继续保持努力。这就充分地让员工体会到,原则上讲,奖金不是主管根据主观意志来简单分配的,其实是员工自己创造的。只要以客户为中心,保持艰苦奋斗,给客户创造了价值,完成了公司的目标,自然就可以得到超出预想的收益。

2. 从战略到执行的 BLM 落地

中国政府有 5 年规划,华为也有 5 年规划,每年都会在 8 月启动从战略到执行的规划,持续约两个月时间,制作的过程非常注意信息安全。2013 年笔者到智利代表处后,就参与了一个国家(智利)的规划制定。从宏观的政治经济环境、客户的战略意图、行业的发展,到当地市场洞察、业务设计、关键任务、氛围与文化、人才和组织等,代表处主要部门都会深入参与到此项工作中。

第一年制作时,笔者感觉挑战非常大,甚至不理解为什么要投入这么多时间去做这项工作。但连续参与了两年后,笔者就感觉其意义深远。因为战略目标非常重要,一旦确定,整个代表处就要围绕它去开展工作,因此必须把任务层层分解,从战略到执行,落实到代表处的每一位责任人,并规定具体完成时间。这项工作的另一个价值点在于差距分析。在每一年度的汇报时,负责人都会总结上一年工作中战略目标没有达成的原因,可以做根因分析,找出未达成目标的原因,并及时调整重点工作计划。有时,人们也会发现当初原定的很多落实措施最后可能都没有取得成功,反而由于出现了一些之前没有预测到的市场机会,实现了战略目标。所以,一定要带着发展的眼光来看问题,"条条大路通罗马"。战略目标一旦设定,就一定要数年如一日,确保资源对着一个城头冲锋,BLM 是华为在全球化攻城略地中不断取得成功的一项重要法宝和工具。

3. 第三方满意度调查

华为的核心价值观是以客户为中心。为了更好地确保客户满意度,华为每年 9 月就会开始第三方满意度调查。由于最后的结果会计入考核和排名,笔者会发动代表处所有与客户接触的部门和员工,与客户密集沟通。这项调查一般将客户分为高中低三层,不同部门负责相应的客户部门,例如客户群总监负责"CXO"这样的高层客户,产品经理们负责对方各产品规划部的客户，服务经理们负责对方工程部门的客户，大家分工服务。

4. 客户关系管理

华为非常重视客户关系，认为"客户关系是第一生产力"。在一线的项目运作过程中，笔者深深体会到这一点的重要性。如果没有关键客户的支持，就很难获得平等的竞标机会，就只能打价格战、拼商务策略。

客户关系的提升，可以说是一线客户群员工的主要工作目标。客户群员工会经常研究和讨论客户关系拓展的进展，制作关键客户的客户关系卡片，给每个客户制定客户关系提升的目标与措施。在担任智利销售副代表期间，笔者的一项重要工作就是推动各客户群落实客户关系提升的措施，平时就得做到"人盯人"，因为到了项目招标时，是无法临时抱佛脚再去提升某个关键客户关系的，所以功夫在平时。

对西班牙电信这样的战略合作伙伴，代表处每年会组织高层峰会、圣诞晚宴等活动，来进一步巩固客户关系，让战略合作深入人心。同时，各部门还会组织足球赛和烧烤活动，与对应的客户部门打成一片，形成牢固的客户关系网。这也是华为全球化过程中，在运营商层面获得成功的坚实保障。

总之，在"一带一路"框架下，中国企业进入国际市场是一种必然的趋势。对于任何想实现全球化的企业来说，全球化的道路并不是其产品或服务进入国际市场那么简单，也不是用国际市场销售额比重上升可以衡量的。全球化意味着中国企业需要全新的市场规则，这是一个从学习规则、理解规则、掌握规则到运用规则和主导规则的过程。企业能否顺利出海，取决于企业自身的管理体系的搭建。

在全球化过程中，华为一直在学习美、日、德等世界强国的优秀企业的管理，站上巨人的肩膀，青出于蓝而胜于蓝。现在，华为已经成为全球行业中名副其实的巨人。1998 年华为营收仅 89 亿元，却连续 5 年累计支付近 20 亿元投入到购买 IBM 的咨询服务中，并顶住内部压力，做到"先僵化、后优化、再固化"，以提升其企业管理的短板。纵观中国企业界，能有多少企业家如此高瞻远瞩地重视商业咨询的价值？

第三节 全球化的产品研发体系

华为高级副总裁宋柳平表示："华为最有价值的东西，不是宽大的厂房，而是拥有一系列完全知识产权的核心技术。"通信领域被称为"富人的俱乐部"，是欧美跨国企业的领地，若没有足够的专利，没有核心的知识产权和技术，一般的企业"赤膊上阵"是根本没法参与竞争的，因为"连竞争的资格都没有"。

2018 年，华为的研发投入为 113.34 亿欧元，以超过年度销售额 10% 的年研发投入比超越苹果，位列全球榜单第 5 名。华为的自主研发采取了非常开放的战略，面向世界一流的合作伙伴进行战略合作。这使得华为能够利用有限的研发投入与研发团队，在不太长的时间内迅速赶上世界先进水平，甚至后来居上，在一些技术领域保持了局部领先的优势。值得一提的是，华为从 1999 年起实施的 IPD 变革，让华为的产品研发从技术驱动型转向市场驱动型，从而能更加准确地理解全球客户需求，加快产品开发速度，缩短产品上市时间，降低产品开发的投资失败率和产品开发成本，增加收入，并给客户提供价廉物美、满足客户需求的产品与解决方案。这也是华为全球化成功的关键要素之一。

华为全球化的产品研发体系建设主要体现在以下几方面：IPD 变革、与企业联合创新、建立海外研发中心、积极参与国际标准制定和保护知识产权。[①]

IPD 变革

华为 IPD 项目划分为关注、发明和推行三个阶段。在初期的关注阶段，华为进行了大量的"松土"工作，即在调研诊断的基础上，进行反复的培训、研讨和沟通，使相关部门和人员真正理解 IPD 的思想和方法；发明阶段的主要任务是方案的设计和选取 3 个试点；推广阶段是逐步推进的，先在 60% 的项目中推广，然后扩大到 80% 的项目，最后推广到所有的项目。实行 IPD 之后，华为的研发流程发生了很大的变化。以前，华为研发项目的负责人全部由技术人员担任，现在则强调产品开发团队的负责人一定要有市场经验；以前，华为的中央研究部全权负责研发，市场部门负责销售，中央部做什么，市场部门就得卖什么。而现在，产品做成什么样完全由不得研发人员，很多人都得参与，而这些人在以前都是和研发根本不搭界的。

2012 年，华为在推行 IPD 变革 13 年后进行了总结。IPD 是基于市场和客户需求驱动的产品规划和开发管理体系，其核心是由来自市场、开发、制造、服务、采购等方面的人员组成的跨部门团队共同管理整个产品规划和开发过程，即从产品规划、客户需求、概念形成、产品开发、上市直到生命周期的完整过程。通过 IPD 管理体系，产品开发更加关注客户需求，能够加快市场响应速度，缩短产品开发周期，减少报废项目，减少开发成本，提高产品的稳定性、可生产性、可服务性等。IPD 的核心思想概括如下：

[①] 参考赵子军：《华为标准化实践》，《中国标准化》，2019 年 7 月 9 日；刘劲松、胡必刚：《华为能，你也能：IPD 重构产品研发》，北京：北京大学出版社，2015 年版等。

1. 新产品开发是一项投资决策

因为它是投资决策，所以需要对它进行有效的投资组合分析。在开发过程中设置检查点，通过阶段性评审来决定项目是继续、暂停、终止还是改变方向。业务经营有两条主线：实现公司商业目标和满足客户需求，两者缺一不可。因此，要把所有研发项目平台、技术开发及研究类项目作为投资对象进行管理，从一开始就要考虑产品、服务、解决方案和技术的投资回报率。针对 B2B 业务，尤其是解决方案类的产品和服务，还需要站在客户的角度进一步考虑客户的投资回报率，只有海外客户成功了，华为才有存在的价值和投资回报。

2. 新产品开发是基于市场的开发

IPD 强调，产品创新一定是基于市场需求和竞争分析的创新，要做正确的事情，要将正确定义产品概念、充分理解市场需求作为流程的第一步。满足客户需求是企业生存的基础，无论是公司战略、时长规划、产品和技术、各功能部门的规划，还是产品和技术的研发，抑或公司其他运营活动，都必须围绕客户需求进行。客户需求是多方面的，需要通过公司管理层、营销部门、产品管理部门、研发部门、售后部门、质量部门等"神经末梢"进行系统收集，然后再传递到各个体系和部门。大部分内部客户的需求来源于外部客户，把外部客户服务好了，就是以客户为中心。华为就是一部全球客户的"需求加工机"。

3. 跨部门、跨系统的团队协作

采用跨部门的产品开发团队（PDT，Product Development Team），通过有效的沟通、协调及决策，达到尽快将产品推向市场的目的。创新和研发是全公司的行为，接力棒式的产品开发流程难以保证产品质量。在 IPD 中，无论是需求管理、产品和技术规划、项目任务书开发、产品研发、产品上市还是上市后的生命周期管理，都广泛采用跨部门产品开发团队的模式,汇集各个领域的专业智慧,形成合力,共同满足客户需求,为产品的商业成功负责。为此,各个职能部门"退到幕后",为团队提供资源和支撑。同时,公司的企业文化、绩效管理和激励机制也要支撑跨部门团队的运作。

4. 异步开发模式

通过严密计划、准确设计,把原来的许多后续活动提前进行,缩短产品上市时间。

5. 重用性

尽量采用公共构建模块(CBB,Common Building Block),提高产品开发效率。为了提高产品服务解决方案的开发效率,通过需求管理、产品和技术规划,提前识别公共技术和关键技术,单独立项开发,就能在产品开发过程中调取这些资源,在快速响应客户需求、提高质量、降低成本的同时,取得领先优势。为了做到这一点,抽取现有产品共同使用的模块和技术形成平台只是最基础的工作,更为重要的是要探索和研究目标客户未来的共同需求,在此基础上形成产品和技术平台,对产品研发提供有力支撑。

6. 结构化流程

把复杂的产品创新过程进行解构,是管理的基础。IPD体系中,各种流程被划分为若干个阶段,每个阶段设置评审点,按角色归集流程中的活动,以便与组织结构相互匹配。评审点分为决策评审点和技术评审点,通过决策评审实现高层决策团队(投资方)和规划团队、研发团队(承诺方)等的互动。资源分批受控投入,既满足项目进展需要,又避免投资失控。通过流程中的技术评审,实现专家和项目团队的充分互动,各领域专家充分利用其专业经验为研发团队提供指导,确保产品最终满足客户需求。

7. 灵活发展，与时俱进

不同的产品，不同的发展时期，IPD 不是一成不变的，而是灵活发展的，它在不断吸取业界最佳实践和解决业务问题的过程中与时俱进。1999 年至今，华为的 IPD 持续优化，从 2000 年的 0.9 版本一直到后来的 7.0 版本。在核心思想和框架不变的前提下，IPD 根据业务发展需要对角色、活动、模板、支撑流程、工具等坚持不懈地进行优化，与周边流程的衔接也更加顺畅。

8. 从产品到解决方案的转型

在海外市场，经常有运营商客户问：华为有那么多产品在市场上销售，什么产品才是最适合我的，怎样才能协助我建设适合我的网络呢？刚开始时，华为的销售团队只会吹嘘自己的产品好。打个比方，客户要吃湘菜，问华为人：怎么炒湘菜？华为人会说我的辣椒特别辣，我的肉特别新鲜，我的油不是地沟油，但还是没有告诉对方怎么炒。这实际上就是没有解决方案的概念。在"以客户为中心"的理念推动下，华为逐渐走过了以技术为中心、做客户需要的产品、通过解决方案来解决客户问题的三个阶段，最高的层次是提前帮客户想问题和预防风险。

在和西班牙电信进行的一次高层峰会上，客户 CTO 就说，华为就像个卖药的，运营商就像是病人，病人的病情很严重，最严重的就是收入下降，华为总是让运营商客户买很多药吃，但却没有治好病，华为要从病因角度出发，真正找到客户的业务痛点。例如，如果网络质量和用户体验提高，新用户增加了，运营商的收入也就提升了，病也就好了很多。但光吃一两种药已经不管用了，华为必须拿出综合的治疗方案。

逐渐的，华为的产品线开始叫产品与解决方案部，而针对跨产品线的解决方案，特别是网络级的解决方案，华为还成立了专门的解决方案体系。

与企业联合创新

在技术与市场方面，华为与德州仪器、摩托罗拉、英特尔、微软、NEC 等世界一流企业成立联合实验室，带动产业价值链。联合创新的成功，源于双方高层的重视、持续投入及对知识产权的高度重视和保护。

双方高层重视是基石。以沃达丰为例，沃达丰和华为一直希望通过联合创新中心满足用户需求，并形成电信行业的标准。2006 年至今，沃达丰与华为共同创立了 6 个联合创新中心，创造了业界极有价值的技术和服务。

重视知识产权是保障。运营商和华为在成立联合创新中心之初，都会签订明晰的知识产权协议，保护双方在创新成果中的合理利益，确保创新成果支持双方商业的持续成功。

以分布式基站为例。分布式基站是华为和沃达丰在基站架构领域的重大创新，合作双方都非常尊重对方的贡献和智慧。在创新中心运作之初，双方就通过明确的协议和制度保证知识产权的清晰界定，并在项目过程中严守信息安全，在未获对方许可的情况下，不向第三方透露相关信息。

建立海外研发中心

截至 2019 年 10 月 30 日，华为在全球拥有 36 个联合创新中心，例如印度的软件研究所、瑞典的无线研究所等。

下面以俄罗斯、美国、意大利这三个国家的研发中心为例，给大家介绍一下华为的海外研发中心。

1. 俄罗斯算法研究所

俄罗斯是诞生数学家最多的地方之一,华为在这里设立了以算法为主要研究方向的研发中心。1999 年,在任正非的支持下,华为在俄罗斯建立了专门的算法研究所,招聘了数十名全球顶级的数学家。算法研究所突破了移动网络的几个特殊瓶颈,创造性地用非线性数学多维空间逆函数解决了 GSM 多载波干扰问题,使华为成为全球第一家实现 GSM 多载波合并的公司,能够通过软件打通 2G、3G 和 4G 网络。这一突破被华为运用到全球产品上。据任正非介绍,移动网络里的算法打通后,2G、3G、4G 产品可以在同一平台上运行,不需要一个波段一根天线,实际上节约了 20%~30% 的成本,同时还节约了一半的重量。欧洲运营商可以把基站放到屋顶上,从而减少站址的使用,又节省了房租等一系列工程成本。任正非将之归功于"数学的力量"。这种名为 SingleRAN 的创新及分布式基站,被业内普遍认为是华为得以崛起的一大突破。正是俄罗斯数学家在 3G 和 2G 算法层面带来的革命性突破,使得华为产品有了竞争力——重量轻、体积小,技术实现欧洲领先。

2. 美国研究所

美国是 CDMA、数据通信和云计算的发源地,华为在硅谷和达拉斯设立了两个研究所。这两个研究所均位于全球新技术的心脏地带,除了能把握最新的技术脉搏,在引进国际人才、购买专利技术及对全球客户提供就近技术支持等诸多方面,起到的作用都非常关键。举一个例子:美籍华裔白聿生博士在 1987 年和 1990 年分别获得美国哈佛大学和斯坦福大学的光通信双博士学位后,于 2001 年加盟华为美研所。在他的亲自主持下,华为于 2002 年推出了全球领先的波分产品,其性能不仅使光纤传输最远、单跨传输最长,而且能适应各种低端的光纤,实现了高性能低成本,给客户带来了巨大的商业价值，华为因此先后拿到了覆盖法国、荷兰和英国境内主要城市的骨干传输网订单。2008年，在他的主持下，华为又成功研发出40G eDQPSK技术。由于这是华为的独有技术，因此在推向市场后一炮打响，国际市场占有率迅速攀升到44%。

3. 意大利微波研究所

华为内部有一个很著名的故事：为一个人设立一个研究所。意大利米兰是全球知名的微波之乡，也是华为微波产品线副总裁雷纳托·隆巴迪（Renato Lombardi）的家乡。雷纳托原本为西门子工作。2008年，华为的IP微波产品，核心部件室外单元（ODU）依靠代工，竞争力不足，人才也较为匮乏，所以华为找到雷纳托，在意大利米兰建立了微波研究中心。雷纳托找到一批曾经的同事组建了最初的微波专家核心团队，他们都是在业界具有10年甚至20年以上成功经验，并且彼此了解、互相信任的专家。2008年下半年，米兰微波分部初具雏形。凭借在微波领域20多年的经验和判断，雷纳托提出了"一板设计"的方案。这个方案从产品性能和生产能力上可以超越对手的"两板式"设计，但技术难度更大，对研发团队提出了更高的要求。通过西安、米兰、成都三地团队的共同努力和产品的联合创新开发，华为不仅自主研发出室外单元，还推出了华为独创的微波产品XMC系列。米兰研究中心充分发挥地域优势，解决设备制造难题。现在，它已成为华为微波的全球能力中心，使华为可以占据全球最大的微波市场份额。

值得一提的是，华为研发全球化的核心是：以中国为中心，与海外战略互动。目前，华为全球研发体系的重心还是在中国，它已在深圳、上海、北京、南京、西安、成都、武汉等地设立了研发机构。这些国内的研发中心和华为的海外研发中心进行战略互动，并且与国际巨头进行战略合作，承担了华为主体的研发工作，通过跨文化团队合作，实施全球同步研发。全球化的研发为华为带来了很多好处：

第一，华为能够以国际先进技术和高科技人才为基础，进行研究和开发，从而能够及时掌握业界最新动态，提升产品的技术含量，研制领导世界最新科技潮流的产品。

第二，华为利用国外的先进装备和先进管理，尽快将科技成果与发明转化为商品，抢占国际市场，提高科技创新效益。

第三，华为还可以让中方员工在参与公司全球化运作的过程中积累经验，增长才干，熟悉多元文化背景下的工作，从而养成符合国际惯例的规范化质量控制意识，获得项目管理经验。

积极参与国际标准制定

一流企业做"标准"，二流企业做"品牌"，三流企业做"产品"。事实上，标准制定者往往也正是行业的领导者。华为参与国际标准制定的意义重大，非常有利于提升品牌和直接进入国际市场，也可以通过参与，影响标准的内容，这就规避了标准中的专利风险，从而节约了大量费用。华为的科技革命之路，主要得益于其可持续发展的标准革命，华为标准化战略对华为公司全球业务拓展起到了重要作用。华为在标准组织、产业联盟、开源社区等各类产业组织中积极贡献，加速产业发展，做大产业空间，加入了包括国际电工委员会（IEC）在内的400多个标准组织、产业联盟和开源社区，担任超过400个重要职位。

华为在标准革命之路中坚持开放式技术创新，促进产学研合作共赢，将技术创新与标准相结合，在欧洲主流组织（如欧洲电信标准化协会）中体现价值，牵引IP微波、边缘计算、人工智能（AI）等领域方向，通过合作、开放，逐步融入欧洲标准及产业体系。华为创新研究计划（HIRP）已与全球30多个国家和地区的400多所研究机构及 900 多家企业开展创新合作，基本覆盖全球 Top 100 高校，100 多位 IEEE（电气和电子工程师协会）成员、美国计算机协会院士（ACM Fellow）及国家院士，50 多个国家重点实验室，近 400 个顶尖团队及 2 个诺贝尔奖得主团队等大量优质资源。

保护知识产权

华为一直高度重视知识产权的保护，在我国提出建设创新型国家的目标和国家知识产权战略时，华为就顺势在自主研发的基础上不断形成"发展拥有自主知识产权的世界领先的电子和信息技术支撑体系"的企业基本目标。1995 年，我国的知识产权保护还处于萌芽阶段时，华为就已经成立了专门的知识产权部门，制定统一的规划与制度，将知识产权保护作为企业经营的重要组成部分。

2019 年 6 月 27 日上午，华为在深圳总部召开新闻发布会，发表题为《尊重和保护知识产权是创新的必由之路》白皮书，重申持续的研发投入、围绕客户需求进行开放式创新、重视并投入基础研究是华为基业长青的基石。持续的投入也使得华为成为全球最大的专利持有企业之一，截至 2018 年年底，它已累计获得授权专利 87805 项，其中有 11152 项是美国专利。华为尊重第三方知识产权和商业秘密，制定了系统全面的知识产权管理与合规制度，并努力保障落实。华为历史上与全球主要 ICT 企业——包括诺基亚、爱立信、高通、北电、西门子、阿尔卡特、BT、NTT Docomo、AT&T、苹果、三星等，都曾通过友好谈判达成专利许可协议。经过友好谈判签署的收费专利许可协议超过 10 份，协议的付费方有美国和欧洲、亚洲等国公司。自 2015 年以来，华为累计获得知识产权收入 14 亿美元以上。华为也遵守付费使用知识产权的国际规则，通过交叉许可或付费许可，合法地获取他人专利使用权，累计付费超过 60 亿美元。

第四节 全球化的人才管理体系

任正非说过，"人才永远是公司最重要的资产，21世纪是知识经济的时代，是人才竞争最激烈的时代"。"抢人"早已成为大公司必需的战略，每年，清华、北大等知名学府都会上演华为和BAT（百度、阿里巴巴、腾讯）等大公司超高薪抢聘应届生事件。2015年，华为公司董事、高级副总裁陈黎芳在北京大学招聘时说："我们不是来招聘员工，是来寻找合伙人的——华为未来20年事业的合伙人。除了牛人，我们一无所有！除了牛人，我们别无所求！"作为中国最具创新力的高科技公司，华为到底有什么样的人才战略与成功实践呢？[①]

人才观与人才管理机制

华为在2018年发布的《华为人力资源管理纲要2.0》中明确提出：坚持"人力资本不断增值的目标优先于财务资本增值的目标"理念，发展"积极、开放、多元"的人才观；满足战略与业务需求，构建各类人才与公司同创共赢的人才管理机制。

1. 坚持"人力资本不断增值的目标优先于财务资本增值的目标"理念

要坚持努力奋斗的各类优秀人才是公司价值创造之源的基本理念，通过优秀人才牵引优质的产品与服务，优质产品与服务牵引公司更大的发展，公司发展牵引更优秀人才的汇聚，优秀人才在奋斗中不断自我增值。

---

① 本节参考《华为人力资源管理纲要2.0》。

2.以更宽广的胸怀，构建"积极、开放和多元"的人才观

打造具备全球竞争力的人才要素，就要建立"凡在公司业务边界内能够贡献突出价值的内外部人员，都是公司追求的人才"的人才观。人才队伍建设不能简单地跟随业务，要前瞻性规划、提前布局，方能适应业务，并促进未来业务的发展；人才队伍建设对外要开放，打破组织边界、超越工卡文化，要有"人才不求为我所有、但求为我所用"的视野，激励好外部优秀人才资源；对内要发展多元人才结构，逐步调整人才的知识技能层次和种类，让人才队伍更具多样性，实现持续创新。

3.基于人才战略需求，积极打造整合的人才供应链

通过人才供应链打造，确保各类人才的数量、质量与结构满足战略与业务需求，促进公司与人才之间良性的创造循环，构建公司追求和个人价值双赢的事业平台。

在人才获取方面，要广纳天下英才，让优秀人才能"找得到，用得好，留得住"；在人才使用方面，既要坚持按岗位要求配备合适人员，尤其在战略性岗位上优先配置最优质的人才资源，也要关注员工个体的经验特点及成长意愿，通过市场化人才流动、职业化人才使用机制让员工在合适岗位上人尽其才、才尽其用；在人才选拔方面，要坚持"赛马文化"，坚持用绩效与使命感选拔优秀人才，用成长机会激励与发展优秀人才，促进优秀人才破格提拔及脱颖而出，坚持对不符合岗位要求者及惰怠人员的淘汰；在人才激励方面，要坚持责任结果导向，合理拉开差距，向做出重大贡献的人员及群体倾斜。人才管理机制要遵循"业务需要什么人就配置什么人""用干过什么、干得怎样来评价员工任职能力""仗怎么打、兵怎么练""贡献差异性决定激励差异化"等原则来简化政策建设，使各类人才管理政策制定以"简单、适用"方式达到"实用、有效"之效果。

人才规划

要形成高质量、发展稳定的职业化员工队伍，构筑公司基础平台的扎实力量。人才规划要激发能创新、推动前进的创造力量。通过主动升级、扩充人才队伍结构及确保来源多样化，构建激发创新的融合型创造队伍。人才规划要匹配不同业务及不同发展阶段的业务需求。面向不确定性业务的团队，要侧重规划好"主管+专家+职员"的人才阵型，激发人才打赢战争的能力；面向确定性业务的团队，要侧重规划好"主管+专家+职员+操作类员工"的人才阵型，确保提供优质的职能服务与流程执行支持。人才规划还要匹配不同国家的政治经济市场环境的特点。

任正非在2019年7月运营商BG组织变革研讨会的讲话中提到，要充分匹配各代表处的市场环境去进行海外人力布局，"政治环境、市场环境稳定的代表处，可以加强本地化步伐。在确定性工作中要多用本地员工，中方员工可以往地区部的战略机动部队集中。因为用一个本地员工就节约了一部分财务费用，节约出来的钱就是新粮食包，可以用于分配，这样代表处就会想办法如何科学用人。对于市场环境、条件不好的代表处，比如不能及时回款、外汇匮乏或者处在极端政治环境下，在合法合规的前提下，应该多用中方员工，少用本地员工。一旦我们在这些国家市场需要临时关闭，留下少量本地维护人员，其他人就可以及时撤回，避免公司在那里硬消耗"。

人才培养

华为的人才培养体系建设是经过一步步摸索，才走到今天的规模。华为公司的发展可划分为三个阶段，人才培养就是围绕着不同阶段的不同特点来进行的 [①]。

　　第一个阶段是 1987 年至 20 世纪 90 年代末，是华为的初创期，也可以说是一个野蛮生长的阶段。此时，人才培养并不处于一个非常重要的地位，更多的是被业务牵引着走。很多公司的初创期也必然面临同样的情况。

　　第二阶段是从 20 世纪 90 年代末到 2010 年前，这个阶段，华为在管理上逐步系统化。华为在内部管理上提出要"乱中求治"，要有系统化的管理，于是从西方知名的咨询公司引入了一些先进的方法论和工具，包括 ERP（企业资源计划）、BLM、人力资源的变革等。在这个阶段，华为意识到人才培养的重要性，开始对散落在业务部门的零零散散的培训资源进行整合，成立了统一的华为培训中心（2005 年挂牌的华为大学前身）。这个阶段，人才培养很重要的特点就是培训工作采用集约化的形式，集中统一地调动公司的资源，从上而下地进行培训工作，这是效率最高的培训方式。

　　第三阶段是全球化发展阶段。任正非曾提过，华为不是一个中国公司，而是一个全球化公司。在这样一个阶段，人才培养方面的一个重要特点就是人才在华为是不断流动的。华为大学经过摸索，形成了非常具有华为特色的做法，比如"战略预备队"等。华为在很早就意识到学习对组织的重要性，所以华为大学有一个使命，就是要把华为打造成一个学习型组织。华为内部有这样一种说法：快速学习的能力已经成为核心竞争力。华为大学在公司内部的定位是一个 BG，跟其他 BG 并列，它向公司的最高层直接汇报。从组织架构上，我们就可以看出华为对人才培养工作的重视程度。也正因为如此，才助推了华为在人才上的一系列战略的落地，培养了成千上

---

① 板报侠：《华为大学人才培养与及发展实践》，微信公众号，2019 年 8 月 26 日。

万的"将军""战士"及专家。

华为的人才培养有着非常鲜明的特色。当然，其在发展过程中也走过一些弯路，才逐步形成了今天的做法和特点。总结起来大概有以下四个特点：

第一，华为在进行人才培养时非常聚焦，聚焦在关键岗位和关键人群上。

第二，非常重视对干部群体的培养。干部群体在华为的发展过程中起到了非常核心和重要的作用。干部群体是一个承上启下的群体，如果说他们的能力发展不到位，对核心价值观的掌握不到位，将会严重影响作战效果。所以，华为从一开始就没有放松过对干部的培养。这一点也是华为在人才培养方面的重心之一，干部培养典型的培训项目，有高研班和面向一线管理者项目（财务管理方向）等。

第三，华为在人才培养上采用项目制。

第四，用最优秀的人培养更优秀的人，采取案例教学，并应用E-learning等技术平台。华为的培训体系有一个理念叫"最优秀的人培养更优秀的人"。能走上讲台的一定是最优秀的人，而这些最优秀的人要承担责任，给公司培养更优秀的人。这是华为在进行兼职老师、内训师队伍建设时的核心理念，这个理念受到了公司上下的一致认可。

人才管理实践

华为国际业务发展主要依靠三类人才：中方外派员工、当地招聘的本地员工，以及"炸开人才金字塔"从全球选拔的专家人才。

1. 中方外派员工成为国际市场拓展的中流砥柱

中方外派员工一直是开拓海外市场的有效保障。华为地区部和代表处的一把手基本都由中方外派员工担任。特别是国际拓展初期，中方员工是绝对主力，一方面要拓展业务，另一方面还要对本地员工进行"传、帮、带"。2001 年之后，华为将是否愿意主动投身国际市场作为选拔和晋升干部的一个重要标准。虽然华为人力资源政策也向中方外派员工进行了重点倾斜，但真正富有魅力的并不是公司提供的丰厚待遇，而是通过在海外的历练和经验积累，使个人业务能力得到提升。

2. 华为的校招与员工培养体系，造就了华为全球化人才的中坚力量

为满足海外源源不断的外派需求，华为一直坚持每年在全球招聘 5000~10000 名优秀应届大学毕业生，并给予良好的培训和规范的职业发展通道。薪酬上，华为把以前的按学历定薪改为现在的按价值定薪，充分考虑优秀学生的潜在贡献价值，特别是"牛人"年薪不封顶。2016 年，华为的财经体系招聘了近 340 名留学生，其中不乏来自牛津、剑桥、哈佛、耶鲁等知名大学的优秀学生。

3. 当地招聘的员工成为海外骨干力量

到 2018 年年底，华为在海外聘用的员工总数超过 2.8 万人，海外员工本地化率约 70%。本地员工已经成为华为全球化的骨干力量。人才本地化对华为在跨文化沟通，与当地客户合作伙伴等建立紧密联系，以及降低企业管理费用、外派费用等方面，都有直接的益处。此外，虽然在专利和技术等硬性条件方面，华为显得非常成熟，但若要掌握海外市场，仍需借助本地人才来实现。这些人具有很多优秀的中方员工不具备的对当地市场和文化的理解。为此，华为用有竞争力的薪酬、在当地设立分支机构和科研机构等方法来吸引并猎取人才，从而实现人才的本地化。

原西欧地区部总裁彭博在《找人，找最懂本地业务的人，找最优秀的人》中谈到西欧的本地化经验：

第一，找人，而不是招人。最优秀的人，肯定不是靠流程招来的，都是要靠伯乐去找来的。

第二，找对的人，找最懂当地业务的明白人，找同路人。当我们进入终端和企业网时突然发现，我们需要对当地市场有深入了解的人。比如终端，谁最清楚当地的消费文化和习惯？谁最了解当地的销售者？谁知道品牌的传播途径甚至是当地的重大事件？以此类推，企业网也是如此。如何找到在新领域里的"明白人"，是华为加快新业务拓展的关键！

无论是中方还是本地的员工，都要具备的四大素质：一是良好的战略思维能力和执行力，善于思考，能看得见未来；二是具备跨文化的团队领导力，无论你是中方主管还是本地主管，都要具备跨文化的团队领导力；三是认同并自愿践行华为核心价值观，身体力行，以身作则；四是严格而扎实的业务能力，有经得起实践检验的绩效结果。

第三，找最优秀的人，而不是凑合。找到优秀的人，远比任何培训更有效。因为优秀的人会自动自发地通过各种途径和资源学习，吸收知识，学习技能，大胆实践，快速成长起来，而不依赖于培训和主管的辅导。当优秀的员工进入组织，作为主管，需要做的就是以下工作：一是创造简单、公正和透明的氛围，让所有为组织创造价值的优秀员工都能得到客观公正的评价；二是注重尊重与沟通，每一个员工都希望自己获得认可，工作有反馈，能力有提升，我们要尊重不同的工作方法和习惯，积极沟通，包括非正式沟通；三是加强对骨干员工的关注和非物质激励，重视组织气氛建设。

4. 炸开人才金字塔，获取全球顶级人才，拖着世界往前走

任正非说："华为领导世界的关键在于人才。华为过去的人才

结构是一个封闭的人才金字塔结构，金字塔本身也是封闭的系统，限制了组织模型并造成薪酬天花板，我们已'炸开'金字塔尖，形成了开放的人才系统。华为不能僵化，要向美国学习如何'领导'世界。我们要找一些'牛人'，让'牛人'带领小青年。我们要理解'歪瓜裂枣'，允许'黑天鹅'从我们的咖啡杯中飞起来。蛋从外向内打破是煎蛋，从里面打破，飞出来的有可能是孔雀。"

任正非一直推崇"一杯咖啡吸收宇宙能量"的理念。华为要"领导"世界，必须看得更远。企业不再依靠塔尖上那个人（也就是任正非自己）的视野，而是通过成批的人才来引导华为的未来发展。为了让人才创造出更大的价值，华为让人才在良性约束下自由发挥。华为经验有四点：一是炸开人才金字塔尖，与世界交换能量；二是鼓励探索，宽容失败；三是英雄不问出处，贡献必有回报；四是用最优秀的人去培养更优秀的人。

人才在哪儿，资源在哪儿，华为就在哪儿。华为已在全球建立了36个联合创新中心，这是为了给全球科学家、专家提供一个平台，让科学更好地造福人类、奉献社会。任正非说："我们不仅仅是以内生为主，外引也要更强。我们的俄罗斯数学家更乐意做更长期、挑战很大的项目，与我们中国人的勤奋结合起来；日本科学家的精细，法国数学家的浪漫，意大利科学家的忘我工作，英国、比利时科学家领导世界的能力，会使我们胸有成竹地在2020年销售收入超过1500亿美元。"在2019年一次采访中，任正非表示："我们公司至少有700多位数学家，800多位物理学家，120多位化学家，还有6000多位专门做基础研究的专家，以及6万多名工程师。构建成这么一个研发系统，使我们快速赶上人类时代的进步，抢占更重要的制高点。"

为了更好地用好这些专家人才，针对专家类人才价值创造的长期性、不确定性特点，华为强调要用事业使命感和探索荣耀感强化专家工作的价值感；要建立鼓励专家独立思考、敢于担责的选拔任用机制，发挥专家对主管决策的支撑作用；要建立短、长期贡献相结合，能上能下的专家任职评估机制，激发创新创造动力；要大胆打破各类"天花板"与"潜规则"，按实际贡献大力提升专业领军人才、高级专家的待遇回报水平；要形成专家在一线作战和机关工作间的垂直双向流动，促进专家专业精深能力和问题解决能力的提升。

具体的措施例如，华为打破员工持股计划仅限于中国员工的传统，将海外高精尖人才也纳入华为员工持股计划。规定专利实施取得巨大经济效益的发明人，可以不定期获得公司的专利实施奖。表彰有突出贡献的人才，让科学家到中国来"生蛋"。2009年，当华为还是全球通信设备企业里的挑战者时，它就开始了5G研究。当时5G技术标准很多，但华为认为，土耳其教授埃尔多尔·艾利坎（Erdal Arikan）发现的极化码有作为优秀信道编码的潜力。华为的坚守被证明是正确的选择。2016年，以华为公司主推的极化码方案成为5G控制信道场景编码方案，这也是中国公司第一次从概念研发介入到标准产品全链条参与的通信标准。2018年7月26日，华为在深圳总部举办"极化码与基础研究贡献奖"颁奖大会，百余名基础研究与标准领域的华为专家受到表彰，而5G极化码发现者土耳其教授埃尔多尔·艾利坎则被颁发特别奖项，致敬其为人类发展而做出的突出贡献。

2019年6月，也就是美国宣布将华为纳入"实体清单"一个月后，任正非在EMT的内部讲话中提到："公司每个体系都要调整到冲锋状态，不要有条条框框，发挥所有人的聪明才智，英勇作战，努力向前冲。华为公司未来要拖着这个世界往前走，自己创造标准，只要能做成世界最先进，那我们就是标准，别人就会向我们靠拢。我们要从全世界招收 20~30 名天才少年，明年还计划招进 200~300 名天才少年。这些天才少年就像'泥鳅'一样，钻活我们的组织，激活我们的队伍。"未来 3~5 年，华为会招来更多人才，这将是一次彻头彻尾的改变，全部"换枪换炮"，目的是要打赢这场"战争"。2019 年 7 月 23 日，由任正非签发的华为总裁办邮件显示，华为对 8 名 2019 届顶尖应届毕业生实行了年薪制管理，年薪 89.6 万元起，201 万元封顶。华为表示，公司要赢得未来的技术与商业竞争，技术创新与商业创新双轮驱动是核心动力。创新就必须要有世界顶尖人才，华为要用顶级的挑战和顶级的薪酬吸引顶尖人才。

将华为的人才观和人才战略复制到其他企业，未必能够成功，但其中的很多精髓和思想却值得借鉴。正如任正非说的，人才不是华为的核心竞争力，对人才进行管理的能力才是华为的核心竞争力。

第五节 全球化的服务体系

2004 年，法国电信对华为法国代表处的服务能力进行了一次评估，最后打了 0 分。此事件对华为的影响很大，也被报告到了任正非面前，引起了上层的重视。华为对全球化服务体系的建设从此被提到了公司战略层面。经过 10 多年的发展，华为不仅建设起全球化服务体系，能够有力支撑全球市场拓展，而且服务业务也已经发展成为其收入的"压舱石"。

华为服务面临的全球化挑战

华为全球服务体系的建设从一开始就面临诸多挑战，例如：

产品与解决方案种类最全最多。与友商如爱立信、思科、苹果等相比，华为的产品不仅一开始覆盖 CT 行业，后来逐步发展到 IT 行业和消费者个人用户，覆盖面是最广的；其服务对象也不仅仅是运营商，还有企业客户和个人客户。对这三类客户，其服务模式不尽相同，因此需要建设三套不同的服务体系。

地域广。华为产品远销世界每个角落，从太平洋的海底到珠穆朗玛峰，从南极到冰岛，世界上 170 多个国家都在使用华为的产品，因此，服务的触角必须覆盖全世界。

服务内容种类繁多。既有传统的培训、工程安装与维护服务，也有网络运营、专业服务、管理服务及 Turnkey（交付）项目工程服务；既有线下维修门店服务，也有线上服务；既有华为原厂服务，也有渠道合作伙伴联合服务。

服务的要求高。对一些网络地位重要的解决方案，运营商要求 2 小时内必须解决故障；服务响应时间以分钟计；一般需要当地化语言服务；对于动辄几亿美元的项目，如何成功交付也是一大难题。

服务不仅要让客户满意以支撑设备销售，还要能持续盈利。

随着华为网络设备存量的逐步增加，如何优质高效地提供价值数万亿美元的网络设备和终端的服务，成为对华为更高的要求。

运营商服务能力建设的三个阶段

2004 年以来，华为的运营商服务业务一直保持强劲增长。例如 2015 年，其服务销售收入达到 120.6 亿美元，近 5 年复合增长率达 19%，占运营商业务总收入的 33%。为何华为运营商服务业务能取得这么大的突破呢？

华为运营商服务建设经历了三个阶段：服务初始化、服务规范化和服务产品化。在海外不同的区域，由于拓展的进展不一样，时间上略有差异，但基本都经历过这三个阶段的建设。

1998 年以前基本上是服务初始化建立阶段，以产品配套的工程服务和产品培训、维护业务为主。这个阶段，华为提供的服务主要支撑设备销售，以基础服务能力建设为主要目标。在海外拓展初期，基础服务大部分都是赠送的。

1998 年至 2003 年，服务逐步走向规范化。1998 年被定义为"华为服务年"，服务被提高到前所未有的高度，并开始进行服务的标准、流程制度规范等建设，同时关注服务收费。

2003 年，新的服务三大转移战略（工程向合作伙伴转移、维护向用户转移、用服中心向技术支援转移）在 IBM 咨询顾问的帮助下实施。同时，公司还实施了新的服务战略转型：技术支援向服务创新和增值服务转移，服务项目向专业化和产品化转移，非增值服务向外部转移；服务成为营销四要素（客户关系、产品与解决方案、交付与服务、融资与商务）之一，公司开始重视服务营销和服务产品的开发，服务由成本中心逐步向利润中心转移。这标志着华为的服务建设迈上了一个新的时代。华为对服务收费的重视也是从这个时候开始的。2003 年，华为全球技术服务部的总裁被替换，就是因为服务没有收到钱。

在此之后，华为一方面全面建设全球服务能力，另一方面不断洞察客户需求，开发和交付持续创新的服务解决方案，如专业服务、管理服务、系统集成服务和咨询服务等。华为由产品驱动、服务支撑，转为产品与服务双轮驱动，在运营商市场独占鳌头。

运营商业务服务的 4P 体系建设

电信设备不像普通的电子产品。普通电子产品通电就可以正常使用了，但电信设备的交付服务非常复杂，被称为"项目管理"，需要技术人员进行硬件安装与软件调测，被称为"工程交付"；如果是初次安装到没有电信网络覆盖的地方，还需要进行工程勘测，甚至可能还需建设机房和架设铁塔，这称为 Turnkey 工程；在电信系统安装开通完成后，还要进行系统的运行维护，包括培训、备件、技术支持、管理服务等，来确保系统稳定运行。所以说，电信设备的交付与服务是一个系统性的工程，非常复杂而且非常重要。华为的早期技术服务组织就包含了工程与安装、培训、备件、技术支持、合作与包商等功能模块。但即使产品硬件再好、再便宜，如果服务不好，或者不能及时完成工程安装，无法符合客户的商业计划，客户也不会采购。

华为出海的早期，服务是华为最明显的短板，也是海外客户考虑选择华为的一个重要阻碍因素。最初在开拓欧洲市场时，华为的客户服务也遭遇过"滑铁卢"。为了真正落实服务好客户的战略，当时的全球技术服务部痛定思痛，做出了两个改进：一方面是频频更换服务体系总裁，2006 年把俄罗斯地区部总裁李杰调来主管全球技术服务部，希望真正把服务体系建设成一个有平台、有品牌、有盈利的业务模块；另一方面，引入业界专业人士，大力建设服务平台。由任正非亲自面试，特招了公司副总裁 W，W 有十几年的摩托罗拉和香港和记的高管经历。到岗后不久，他就被董事长孙亚芳建议直接派到欧洲地区部，担任服务总裁，以求快速提高欧洲服务团队的整体水平。W 提出，欧洲服务体系建设要从四个方面入手，即4P：People、Platform、Process、Partner。笔者有幸亲历了这个过程，以下将还原当时是如何从这四方面来建设服务平台体系的。

1. People——人的建设，服务工作要做好，关键还是人

服务是和客户贴得最近的一环，在语言、文化等方面，当地员工比中国外派员工更有优势，因此，当时欧洲各国办事处都在大力

招聘和培养本地化服务员工，招聘工作成为各国服务主管的主要工作。例如德国技术服务部 2004 年只有两个本地员工，到 2006 年已经发展到 40 名员工，除了几名中国外派的技术骨干，从服务主管到各部门的领导，都是由本地业界有丰富经验的员工担任的。他们不仅带来了业界的优秀实践，让华为中方外派员工成为具备全球化思维的人才，也在不断融入华为，成为华为的中流砥柱。另外，通过这些本地员工招聘和培养了一些年轻的业务骨干及优秀大学毕业生，形成了有层次的人才梯队。几年之后，当年的大学毕业生已经成为部门经理。正是通过这样中方与本地的强强结合，相互产生良好的化学反应，快速打造了一支服务铁军，华为的海外服务能力才迅速得到了提升。

2. Platform——服务平台的建设

服务平台主要包含四方面：服务热线和技术支持中心（TAC）、备件中心和物流平台、客户培训中心、工具平台。

华为当时还没有全球跟着太阳转（Follow the Sun）的多语种 TAC 体系，只能在每个国家根据情况，自己建设服务热线。欧洲的情况比较特殊，每个国家基本上都有自己的语言，因此只用英语显然是不够的。于是，华为先在英国招聘资源，建立了第一个正规的英文 7×24 小时技术支持中心，并辐射欧洲其他国家；然后德国、法国等国家通过租用合作伙伴的平台，建立了 7×24 小时的当地语言服务热线。合作伙伴的接线员接到客户的电话后，通知华为的工程师通过手机值班，24 小时处理客户的问题。随着业务的不断发展，华为又在罗马尼亚建立了一个多语种 TAC，和英国 TAC 一起成为欧洲的技术支持平台。目前，华为在全球有 3 个全球 TAC 和 13 个本地 TAC，共支持 16 种语言，覆盖全球 170 多个国家。

备件中心建设是销售物理设备时必不可少的售后服务中的一

环。起初业务量少，代表处就自己在办公室开辟了一个小的备件库，由专人管理。但随着业务增加，华为只能找专业的合作伙伴如DHL、TNT等合作，建立覆盖全球的备件网络和物流网络，以及时把备件送达客户处。

培训中心不仅可以培训客户和员工，配置的设备还可以作为演示中心，为客户演示和测试。所以，华为一开始在英国成立了培训中心，开展了大量的客户培训；随后在德国通过合作建设了德语的培训中心，大大方便了德国的客户培训。在当地合作建设的好处是投入少，周期短，客户满意度还高。华为只需提供教材和设备，合作伙伴提供讲师和教师及日常运营交付。

3. Process——流程的推行

其实华为在国内有成熟的、可执行的流程，但到了海外，业务情况发生了变化，必须总结出符合当地业务的流程并推行。但当时服务人员都非常忙，一边要做实际项目的服务交付，一边要制作新的客户标书，往往把流程优化与推行工作搁置了下来。大家普遍的态度是：先把活干了再说，流程慢慢来吧！幸好总部和欧洲区的领导们给予了很大的支持，成立了欧洲流程推行的联合项目组，机关专家和本地专家一起系统地优化了服务体系内部的各职能模块的流程并推行，也就是"先僵化、后优化、再固化"。

笔者当时是全球技术服务部派往海外的第一个质量经理。2005年3月，笔者被外派到法国代表处，主要任务就是协助搭建华为法国的质量和流程体系，也招聘了第一个法国当地的质量经理，以及后来的英国质量经理、荷兰质量经理。这些本地的流程专家，一起推动完成了服务流程的落地，也很快使公司获得了这些国家的ISO9001质量认证，这是欧洲运营商与华为当地代表处合作的一个必要条件。

4. Partner——合作伙伴的建设

服务合作伙伴不管是在华为发展初期还是现在，都是十分重要的力量。华为的合作伙伴有两类，一类是人力资源类，另一类是平台类。人力资源类伙伴在华为海外拓展初期合作得比较多，就是帮助华为把中国已经有华为设备安装经验的工程合作方工程师派到国外去做项目，短期内灵活机动、快速有效。不过长期来看，还是要发展当地合作伙伴，所以华为还成立了专门的服务合作部来进行合作建设。

除了一般的工程安装合作伙伴，华为特别针对 Turnkey 项目和管理服务项目，引进了业界顾问，制作出全套 RFQ（Request for Quotation，请求报价），培训目标国家的服务主管，在当地开展服务合作招标和资源池建设。项目还没有打下来，服务合作方资源就已经准备好了，真正做到了"兵马未动，粮草先行"。华为从一个从来没有做过 Turnkey 工程和管理服务项目的公司，到后来能成功承接大量亿万级 Turnkey 工程和管理服务项目，多亏了它在服务合作中做了大量的准备工作。平台类的合作伙伴，如服务热线、培训、备件物流中心等，也非常重要。让专业的人做专业的事，服务合作伙伴成为华为全球化拓展的一个助推器。

2006 年 5 月 13 日，西班牙塞戈维亚，欧洲地区部服务主管会议

2006 年 5 月 13 日，欧洲地区部在西班牙塞戈维亚（Sergovia）召开了各国服务主管会议，交流和共享了很多服务经验，通过以上 4P 的全面建设，短短 2~3 年时间里，欧洲地区部的服务体系就已经初具雏形，服务能力和质量明显提升，并逐步得到了欧洲高端客户的认可。当年照片中的服务干部们，都已经成长为华为服务体系中的高级管理者，有海外地区部的服务总裁、华为大学的管理团队成员，也有华为全球管理服务部主管和企业渠道服务主管。

很多当初对华为将信将疑的客户，也最终认可了华为的服务，最典型的例子莫过于 2006 年西班牙沃达丰的无线交付项目。这个项目是沃达丰交给华为的第一个无线项目，是公司级重大项目，要求 9 个月内交付 1120 个基站。可是项目组在最初的 3 个月里才交付了 12 个站，客户非常着急，怀疑华为根本无法按期完成 1120 个基站的交付目标。当时，沃达丰系统部主管彭博及欧洲服务主管 W 亲自上阵，到西班牙督战，并发动全地区部的资源和合作伙伴资源，甚至从德国火速调了一个项目经理去西班牙支援。项目组全员放弃休假，没有周六周日，夜以继日地工作，想尽办法增加本地分包团队。公司也全力支持，提前备货到西班牙当地仓库。每个人都下站点——白天去站点，晚上回来继续开内部会，请求客户扩大站点资源。就这样，交付量从 180 个站 / 月上升到 260 个站 / 月，最后上升到了 300 个站 / 月。到 2006 年 3 月 31 日，完成了 1140 个站的上线。这是客户绝对没有想到的！华为在欧洲高端客户面前，终于解除了"华为只有设备和技术好"的信任危机。

2007 年 4 月的沃达丰全球供应商大会上，沃达丰破例在原有的奖项之外新增了一个奖项，以表彰对华为的特别认可：Outstanding Performance（卓越表现）！随后，华为在沃达丰的销售势如破竹，2009 年 5 月至 2011 年 1 月，华为先后成功拿下了德国、意大利和英国项目，在沃达丰最核心的欧洲四张大网里，突破了友商的纪录，进入了每一个子网，并都成为主要供应商。除此之外，华为还进入了匈牙利、罗马尼亚、捷克、希腊、埃及、加纳、南非、澳大利亚和土耳其，并且在其中的 7 个国家里成为独家供应商。

运营商业务服务建设的五个成功要素 [①]

1. 服务战略的及时转型

华为对行业的持续深入洞察与适时的战略转型，始终坚持以客户为中心，为客户持续创造价值。随着数字商业浪潮袭来，消费者的体验和消费方式发生了巨大改变，华为将其总结为 ROADS，即：实时（Real-time）、按需（On-demand）、全在线（All-online）、服务自助（DIY）和社交化（Social）。基于这样的行业洞察，华为及时快速地调整了自己的运营商业务发展战略，从过去由产品驱动、服务支撑转为产品与服务双驱动，以帮助运营商进行数字化转型。

2. 服务解决方案的开发与创新

即根据运营商不同的发展战略，与产业合作伙伴充分合作，为运营商开发和提供兼顾现状与中长期目标的、最适合的服务解决方案。华为通过提供标准化、自动化、集中化的解决方案，帮助运营商实现 ICT 运维，提升运维效率，实现业务敏捷和业务创新。

3. 重金打造服务全球客户的强大的交付、技术支持、培训、专业服务和管理服务平台

针对作为主航道业务之一的全球交付平台，华为近年来持续加强对全球交付平台及核心资产的投资建设，已经在全球构建起完善的产业化、本地化服务交付组织和平台。

---

① 刘启诚：《华为运营商服务业务 5 年连级跳：为何如此成功》，移动通信网，2016 年 4 月 19 日。

4. 华为的运营服务能力得到了行业的认可，服务品牌持续提升

这几年，华为运营商服务解决方案获得了行业组织、全球运营商、媒体颁发的大奖，例如 HUAWEI SmartCare·CEM 解决方案获得 Informa Telecoms & Media 年度"最佳客户体验管理"奖项。

5. 建设了以项目为中心的交付能力[①]

华为"以项目为中心"的运作不仅仅是一组实践或工具，更是一套相对完整的管理体系，包括政策、规则、流程、方法和 IT 工具平台、组织运作和评价等要素。这些要素在项目管理实践中集成应用，并通过一套三层的管控机制，有效开展项目、项目集和项目组合管理，实现商业价值。截至 2018 年，华为拥有各类认证的各级别专职项目经理近 5000 人，每年在全球成功交付几百亿美元的项目。时任华为项目管理能力中心部长易祖炜在采访中谈到，华为项目管理实践和体系化能力建设经历了几个阶段：从概念引入，"管事、管人到管财"；从单一项目到项目集、项目组合的管理；从单兵作战到体系化运作。

消费者业务服务能力建设[②]

华为消费者 BG 从成立之初就一直坚持基础服务能力建设与提升，聚焦线下服务、线上服务、自助服务三大服务平台的建设，具体包括以下五个方面：

1. 线下服务布局

华为联合遍布各地及各领域的合作伙伴，增加线下服务网点覆盖量及人员数量。华为年报显示，截至 2018 年年底，共建成超过 2000 家线下服务中心，覆盖了 105 个国家和地区，为消费者提供方

---

① 王兴钊：《华为崛起的项目管理力量：访华为项目管理能力中心部长易祖炜》，《项目管理评论》，2018 年 10 月 22 日。
② 《华为"理工式"客户服务体系揭秘》，智齿科技网，2019 年 3 月 21 日。

便快捷的维修服务。

2. 线上服务布局

针对消费者业务的服务需求与特点，消费者 BG 建立了服务热线、服务 App、网站、微信公众号等多个为用户服务的快速入口和服务平台。用户可以通过打热线电话、发微信或者远程同屏互动的方式，享受相关服务，热线服务满意度近 99%。到 2018 年，服务热线覆盖 100 多个国家，支持 60 多种语言，本地化的官网和自助服务 App 覆盖超过 100 多个国家。华为服务无处不在。

3. 线上线下协同

线上线下的资源协同，是指当线上问题相对复杂时，由线下渠道解决，反之则由线上知识库快速解决。从 2016 年开始，华为结合大数据分析，形成了一个统一的运维平台。每天，客户的投诉问题都会被纳入知识库中，技术工程师在接到客服中心的通知之后，也会将问题的解决方案录入知识库。通过长期的积累，这些经验变成一套完备的逻辑，形成智能化服务平台。一旦遇到相似的投诉，便可从知识库中调取对应的解决方案。当网络出现故障时也能做到自我诊断，从而实现对客户需求的快速反应。

4. 为粉丝设置"花粉"互动平台

除了以上这些常见的服务渠道，华为还为粉丝群体设立了花粉俱乐部。目前，注册花粉已经突破 2000 万人。从花粉俱乐部的官网上也不难发现，华为的客服真的是无处不在，就连粉丝资讯互动平台也有独立的"建议/申诉"入口。

5. 产品导向服务准备

为了让终端产品能真正做到易操作、易维护，在研发阶段，服务便开始介入，参与到新产品从概念设计、计划、开发、验证、发布、生命周期管理的整个过程。通过对产品研发阶段的合理控制，可降

低后期服务风险，提高产品可服务性和易操作性，减少产品维护的
服务成本，提升客户体验。

企业业务渠道服务能力建设

随着企业 BG 在 2012 年成立，服务渠道的建设成为企业 BG 最
关键的任务之一。华为企业产品通过渠道伙伴销售后，如果该渠道
伙伴同时又能在华为的支持下为客户提供安装和维护培训等服务，
便将形成客户、渠道和华为三赢的局面——渠道提供服务，一方面
可以覆盖到华为无法覆盖的地方并减少华为在服务方面的投入，另
一方面客户也能得到更加贴身的服务。对于无数中小企业客户来说，
华为人可能远在天边，可渠道工程师却近在眼前，客户当然更加乐意。

2012 年起，华为秉承三赢的渠道服务理念，开始建设全球的渠
道服务体系。华为致力于"为客户提供高品质的一致性服务体验"，
培养面向行业客户的全球化服务能力，打造智能化服务平台，持续
提升客户体验；重点投资行业云使能服务、客户支持与行业运维服
务、行业解决方案服务等专业服务解决方案和云管理平台，年投入
增长大于 40%。截至 2018 年年底，华为联合 3600 多家服务伙伴，
为全球超过 4.5 万家客户提供服务。华为联合高校、培训机构、行
业协会等，构建覆盖全 ICT 领域的华为认证体系，通过华为认证的
人数已超过 13 万。

那么，华为是怎么建设起这支具有千军万马的渠道服务队伍的
呢？原企业 BG 渠道服务部部长周道远介绍说，渠道体系的建设可
以概括为五个字："谋、选、育、用、留"。"谋"就是渠道体系
规划设计。从渠道发展理念和原则、发展目的和目标、发展区域、
覆盖的产品、发展的步骤计划、策略、投入等进行详细的规划，并
制定和发布渠道政策。"选"就是选择和认证合适的渠道伙伴，制

定相应的渠道认证标准,并通过各种媒介和渠道活动宣传渠道政策,吸引合适的渠道伙伴签署合作协议。"育"就是培育,和渠道伙伴达成合作意向后,就要培育合作伙伴的人,让他们尽快具备华为产品销售和服务的能力。例如,华为的职业认证培训与人才联盟,通过高校合作和授权培训中心合作,已经培养了10多万名懂华为产品的工程师,其中包括4万多名渠道伙伴的工程师。"用"就是要用好渠道。通过华为原厂对渠道的支持、传帮带及项目合作,华为人和渠道一起联合销售,并提供端到端的服务。"留"就是要管理好渠道伙伴,淘汰不合格的,留下优秀的伙伴。通过返点和奖励等方法,激励渠道提高销售和服务的绩效。

华为的海外服务能力曾经是华为全球市场拓展中的短板,但华为通过对人、平台、流程和合作伙伴四个方面展开能力提升,现在,全球化的服务已经成为华为在海外攻城略地的新的驱动力。成功的交付和优质的服务,是客户选择华为的重要保障。

今后其他企业出海,也会遇到相同的服务问题,服务能力提升不是一朝一夕的事情,出海企业最好提前做好规划,把提升海外的服务能力作为一项长期战略。

第六节 全球化的销售策略(运营商)

华为是靠运营商 BG 的电信设备起家的,2017 年之前,运营商BG 的收入一直占公司总营收 50% 以上。无论是国内市场还是在海外的攻城略地,早期也都是依靠 B2B 的电信设备。无线产品线是电信设备中最大的产品线,一个整网的无线项目总价值动辄几千万至几亿美元,一旦占领了市场,运营商客户一般不会轻易更换项目厂商,由此带来的后续扩容也非常可观。

所以，一旦遇见运营商进行 3G、4G 等新技术的网络升级，华为内部经常喊出"首战即是决战"的口号。华为非常重视此类项目的运作，尤其是那些战略合作运营商的无线项目，一般会根据其重要性，将其定为公司级山头项目、片联级项目或地区部级项目。毫不夸张地说，成功地拿下一个战略无线项目，项目负责人（PD, Project Director）就非常可能立马被提拔为国家代表（国家总经理），而项目的大客户经理则可能被提拔为客户群总监（AD, Account Director）。这符合华为坚持从"上甘岭"这样的大仗、恶仗和苦仗中出干部，坚持从有成功实践经验的人中选拔干部的原则。相反，如果丢失战略项目，无论级别多高，原来的战功多辉煌，也会被就地免职。

由于市场的显著差异，华为在运营商市场、企业市场和消费者市场的销售策略各不相同。本节将主要讲述华为运营商市场的项目型销售策略。

从智利无线项目看华为的销售策略

2013 年 8 月，笔者从德国慕尼黑被调派到当时南美南地区部智利代表处担任西班牙电信系统部部长。与其说这是去管理一个成熟的系统部，不如说是去救火——当时我的首要任务是负责运作一个公司级的无线搬迁项目，尽快挽回华为刚刚丢失的无线市场份额。

笔者作为智利西班牙电信 LTE 项目的 PD，亲身经历了全过程。下面，笔者将通过已经公开的信息，以第一人称的方式来还原这个案例，以此介绍华为国际化过程中的销售策略。其精髓就是"营销四要素"、"三板斧"和"铁三角"。

1. 智利"三分天下"的电信运营商市场

智利共拥有 1757 万人口，其中首都圣地亚哥人口 700 万。它是拉美地区最发达的国家，2018 年人均 GDP 为 1.59 万美元，最大的电信运营商分别是西班牙电信、Entel 和 Claro（美洲电信的子网），移动市场的份额比为 40%:40%:20%。西班牙电信智利子网是当地的老牌运营商，有移动和固网，是智利最大的电信运营商；Entel 是智利本地财团控制的一个本地高端运营商，只有移动业务，但其用户中很多是智利的高端人群，人均贡献收入最高，用户体验也最好；Claro 由于其资费套餐非常便宜，占据了很多低端人群的市场。

华为早在 2001 年就开始拓展智利市场，但智利是一个典型的发达国家市场，其早期的 2G 无线市场份额早已被西方厂商瓜分了；在 3G 时代，华为也仅占到了西班牙电信智利子网 50% 的份额，且还是首都外围的非价值区域（见表 4-2）。

表 4-2　2013 年华为在智利的无线市场份额

	西班牙电信	Entel	Claro
占智利整体份额	40%	40%	20%
2G 供应商份额	诺基亚 100%	爱立信 100%	诺基亚 100%
3G 供应商份额	诺基亚（首都区，50%） 华为（首都外围，50%）	爱立信 100%	诺基亚 100%
2012 年首轮 4G 招标结果	诺基亚（首都区，50%） 三星（首都外围，50%）	爱立信 100%	诺基亚 100%

西班牙电信是华为在智利最大的客户群，2014 年贡献了华为智利公司近 80% 的收入，是其战略合作伙伴。当时，华为在智利无线市场的份额不超过 20%，而在全球大部分国家的无线份额已经达到了 50% 以上，超低的无线份额严重限制了华为在智利的销售规模。进一步扩大无线份额，进入流量高地和价值区域的首都，一直是几代智利华为人奋斗的梦想。

2012 年，智利三大电信运营商启动 4G 首轮招标，华为智利代表处"磨刀霍霍",同时参与了全部招标,非常希望抓住 4G 这个市场窗口,进一步扩大在智利的无线份额。根据经验判断,Entel 已经与爱立信结成多年的战略合作伙伴关系,全网都是爱立信的设备,即使华为报价为零,客户也不一定会考虑用华为来替换爱立信。因为搬迁旧基站的交付工程量太大了,且在业务割接过程中一旦出现任何问题,很可能直接导致客户满意度下降,甚至导致用户离网。同样道理,华为也很难在 Claro 撬动诺基亚的市场份额。而西班牙电信就不同了,华为已经占有了 50% 的 3G 份额,首都区外围运营的 3G 设备都是华为的,华为已经熟悉客户的站点,已经有了良好的合作关系。根据经验判断,华为顺势拿下现有区域(50%)的 4G 份额是顺理成章的。

但在 2012 年西班牙电信 4G 招标的过程中,半路杀出了个"程咬金"——财大气粗的三星。在智利的手机市场上,三星的市场份额一度达到 60%,远远高出三星手机的全球平均份额。三星在智利电信市场积累了很多利润,但是其 4G 设备一直没有在韩国以外的商用案例。因此,三星希望通过在智利树立样板点,进一步打开其4G 电信设备的全球销售。据说在谈判的最后阶段,三星集团副总裁甚至向西班牙电信集团高层递交了一个让其无法拒绝的捆绑商务策略——如果采用三星的 4G 设备,那么西班牙电信可以在智利获得极大的手机商务优惠。

西班牙电信的重大采购项目是集体决策的,集团和子网的高层都会参与。最后西班牙电信把项目给三星,一方面是因为三星的商务策略确实非常有竞争力,而当时西班牙电信面临着很大的财务压力,收入下降很快,运营成本居高不下,在采购中压价已经是家常便饭。另一方面,是因为当时的华为智利为了一个小运营商客户的交付,把本属于西班牙电信的一部分服务资源调走了,导致西班牙电信智利子网规划部和工程部客户非常不满意，因此集团倾向于选择三星时，这些客户并没有力推华为，甚至有部分客户认为，就是要给华为一个教训。以上是我到智利接手项目后，基于与客户及内部各方沟通后的有限信息初步做出的一个判断。总之，这次丢标是外部因素和内部因素共同作用的综合结果，原因错综复杂。

西班牙智利4G项目丢标后，华为内部非常震惊，时任无线网络产品线总裁汪涛更是亲自飞到智利拜访客户高层，希望扳回项目。据说，任正非也在后续的无线汇报会上，对项目的竞争策略给出过指示。无论是按照华为以客户为中心的核心价值观，还是以结果为导向的奖惩制度，这个结果都不能令华为人接受，这说明客户关系和项目运作各方面都出现了很大的问题。更严重的后果是，一旦三星在智利市场把4G网络搭建起来、有了用户，它就会在全球进行宣传，这样，在全球范围内就多了一个新的4G供应商来瓜分无线市场份额。

华为在大项目运作成功后，论功行赏是毫不吝啬的，同时，对丢失这样的山头项目后的惩处也是毫不留情的。当时的片联总裁接到投诉邮件后，智利代表处代表、产品副代表、交付副代表等几乎所有的管理层都被"下课"了。

我刚到智利代表处时，代表处的士气非常低落。在华为内部，如果代表处业务不增长，会进一步造成骨干和精兵强将被调走，或者这些人自己选择去其他国家。华为在智利运营商市场能否有未来，能否获得进一步发展的市场空间，甚至是否要完全放弃智利无线市场，成败就在西班牙电信这关键一仗。

深知肩负的责任重大，我到智利代表处后迅速开展了以下几项工作：

拜访子网客户——由于我之前一直负责与西班牙电信集团的客

户关系，于是便委托集团总部的客户为我介绍了智利子网的高层，收到了很好的效果。子网 CTO 古斯塔沃（Gustavo）见到我后明确表示，已经有集团的老朋友 LV 和他打过招呼了，很高兴听说我会讲西班牙语，希望今后合作愉快。我也很快拜访了所有的 CXO 和规划总监、工程总监及维护总监，了解了子网客户对华为的真实诉求与合作情况。

成立智利西班牙电信 4G 项目组——把总部无线产品线、西班牙系统部集团总部、南美南地区部和智利代表处各部门所有可调动的资源都任命到了项目组。项目组有一个公司级的领导做赞助人（sponsor），项目有领导组、项目日常运作的 PD、客户关系组、解决方案组、交付服务组、商务与融资组、答标组等，每个小组都有组长、副组长和组员。

复盘——找到当初项目的主要操盘手，复盘 2012 年项目运作全过程，分析丢标原因。

启动项目运作——定期召开项目分析会，确定项目策略。那就是让智利子网客户强烈支持华为，让集团客户同意替换搬迁。

这个看起来非常轻描淡写的项目策略，背后不知道经过了多少次的项目讨论会，多少次的内部争论。下一步，就是该如何去执行这个策略了，这个挑战更大。对智利子网客户，三星也投入了很多人力物力，确保这个项目作为全球样板点的成功实施；而且，西班牙电信集团 2012 年招标刚做出战略选择（三星），如果真要替换搬迁的话，这个巨大的工作量又会压到智利子网的头上，智利子网会顺利承接吗？进一步看，对于西班牙电信集团来说，刚刚引入了三星这个新战略供应商，如果它没有犯重大错误，应该不可能马上就同意替换搬迁，否则就相当于承认 2012 年招标中战略引进三星是个错误，毕竟西班牙电信也得到了很好的财务收益。所以这其实是个僵局，很难打破。

华为的项目运作机制非常成熟、非常有效。在慕尼黑工作时，我担任大客户经理，是"关键贡献者"的角色，参加了无数的项目运作，但从来都不是PD。智利无线项目也是我第一次担任PD这样的关键岗位，没有运作经验，能做的就是按照公司总结出来的模板，把该考虑的问题都考虑到，把能做好的工作都做到极致。我坚持定期召开项目分析会，每次开完会，我都要彻夜写报告；对汇报会更是殚精竭虑，因为必须把各维度的信息整理清晰。会前要推动代表处、地区部、系统部各级资源，完成上一次会议的遗留问题，会上要及时通报项目的信息，尤其是关键客户的想法与意图。

参加项目组的总部、地区部、系统部各级领导会在汇报会上讨论，他们个个都高屋建瓴、身经百战，有着丰富的项目运作经验，有些总部的产品线领导一天内可能要参加全球好几个同类会议，见多识广。而且华为在全球范围内仅有几个参加竞标的对手，早已知己知彼，所以领导们有时还没有听完我介绍项目的进展，就开始了"炮轰"或者发问，然后大家讨论策略，逐个给出自己的建议，就像各级专家会诊。我认为，这才是华为海外销售项目运作的精髓所在。

最后，项目分析会议形成当次会议的结论，包括项目的策略和下一步的行动计划，并落实到责任人及完成时间。我一般会在会议结束后的当晚输出会议纪要，再每周发周报更新。周报不仅是一个信息分享机制，也是推动各责任人完成会议决议的过程。在最后几轮的报价过程中，我们频繁地约见关键客户，甚至每天都有可能召集项目分析会，讨论对策。

2. 运营商销售项目运作的关键

项目运作的关键围绕"营销四要素"和"三板斧"展开，执行者主要是"铁三角"。

"营销四要素"指的是客户关系、解决方案、交付服务和商务融资。其中，客户关系是桶底，是支撑其他要素的基础；解决方案、商务融资和交付服务这三个要素不能出现短板；良好的项目运作和管理是各要素之间紧密配合衔接的粘结剂。"三板斧"指的是邀请客户参观总部、邀请参加峰会或展会及参观样板点。

华为最重视的是客户关系，认为客户关系是第一生产力。客户关系是指企业为达到其经营目标，主动与客户建立起的某种联系。这种联系可能是单纯的交易关系，可能是通信联系，也可能是为客户提供特殊的接触机会，还可能是为双方利益而形成的某种买卖合同或联盟关系。

华为将客户关系分为三个维度：关键客户关系、普遍客户关系和组织客户关系。关键客户是指那些直接参与项目决策的客户，他们对项目起着一锤定音的作用。如果他们可以在项目决策的关键时刻坚决支持华为，效果是立竿见影的。但"汝果欲学诗，功夫在诗外"，关键客户往往也是高层客户，他们普遍素质较高，有很好的经济基础，是行业的领军人物，有自己的独立思考和判断，所以要影响他们，不是一天两天的事。打铁还需自身硬，必须通过日积月累去影响他们，所以其实拼的还是公司的整体实力。

普遍客户关系就是指不分工种和职务高低，只要是客户，任何一个看似不起眼的角色，华为都一视同仁，"奉为上宾"。他们有可能在与华为合作的过程中，在某一个项目的决策过程中，出其不意地给华为带来有利的影响。

组织客户关系是指与紧密合作的客户部门建立良好的关系，定期组织研讨会（workshop）和高层峰会等正式的会议，同时也定期组织烧烤、足球、生日聚会等不同的活动。

2013 年 8 月 25 日，智利圣地亚哥客户周末足球赛

　　执行项目运作的核心是"铁三角"。任正非说，"铁三角"的
初衷是在市场的最前端，强调使用联合力量作战，使客户感到华为
是一个界面。"铁三角"对准的是客户，其精髓是为了目标打破功
能壁垒，形成以项目为中心的团队运作模式。

　　"铁三角"包括以下三类人员：

　　AR（客户经理）：是相关客户 / 项目（群）运作、整体规划、
客户平台建设、整体客户满意度、经营指标的达成、市场竞争的第
一责任人；

　　SR（解决方案经理）：是客户 / 项目（群）整体产品品牌和解
决方案的第一责任人，从解决方案角度来帮助客户实现商业成功，
对客户群解决方案的业务目标负责；

　　FR（交付经理）：是客户 / 项目（群）整体交付与服务的第一
责任人。

3. 智利西班牙电信 4G 项目的项目运作

　　客户关系：获得智利子网高层客户的认可，由质疑变为强烈

支持。

　　子网高层客户的最大痛点是其投资预算下降，网络质量差，用户体验差，收入也不断下滑，经营压力大。于是，我们从总部调来了商业咨询部的专家，给西班牙电信智利子网做调研，并给出一系列改善其网络质量和用户体验的解决方案，使其 CEO 与 CTO 都非常高兴。2014 年 6 月 25 日，我们在智利圣地亚哥组织了第一场高层峰会，明确向智利西班牙电信提出：在智利这个市场中，只有华为才是你的战略合作伙伴，因为爱立信是 Entel 的战略合作伙伴，诺基亚是 Claro 的战略合作伙伴，只有华为会全心全意为西班牙电信服务，并协助其商业成功。在之后的圣诞晚宴、产品研讨会、服务恳谈会等很多战略会议的开头发言中，我都在强调华为智利与西班牙电信智利子网的战略合作伙伴关系。事实上，这起到了非常好的作用，也在高中低各层客户中留下了深刻的印象。

2014 年 6 月 25 日，智利圣地亚哥高层峰会

解决方案：邀请客户参观华为总部。

2013 年 11 月，邀请子网规划总监、工程总监等重要的影响决策的客户参观华为总部，并安排他们与华为上海无线研究所的主管交流了华为 4G 产品的路标与优势；2014 年，华为还免费在智利安装了一个 SingleRAN 的样板点，无论是投资 TCO（总拥有成本）还是机房空间、能耗，都大大降低，性能还大大提升，受邀参观的子网客户充分认可了华为解决方案的优势。

交付服务。调动地区部搬迁专家到智利现场办公，在项目招标前就给客户做了详细的替换搬迁方案，分别与客户 CTO、规划部、工程部、维护部等各级部门和人员沟通，让客户充分认识到，华为已经有能力和资源来完成这场搬迁，而且不会对智利网络运营产生影响。

商务融资。华为也打出了组合牌，如果同意让华为来进行网络替换搬迁，不仅产品有优势，而且商务更有优势——如果客户想替换华为设备，那么华为的商务方案会让客户计算 TCO 后立即打消念头。

项目招标的最后阶段，西班牙电信邀请了几个进入竞标短名单的厂家到马德里总部进行最后的谈判，我和两名智利本地员工一起飞去了马德里，和系统部总部的同事一起参加和见证了最后的时刻。即使到了交完最后商务方案后的谈判，其实变数还是很大的，类似的丢标案例非常多，所以大家的心情高度紧张，也十分重视。

谈判持续了一周，客户中途多次"发火"，认为华为的商务条件还不够好，而对手已经给出了更好的商务条件，现在就可以宣布华为丢标了。他们多次把我们晾在会议室里，声称给我们最后一次机会，让我们给出最好的商务条件。大家有时候在一天没有吃东西的情况下，仍顶着压力，坚持之前的商务报价。事实证明，那只是采购客户最后的压价，也是惯用的手段。2014 年 10 月 17 日 18 时左右，西班牙电信集团采购部的客户LV把我们叫回会议室，简单寒暄后，就直接宣布华为中标！

LV是我在慕尼黑时期打了四年交道的老客户，私人关系非常好，他非常清楚这个项目对我个人在华为的职业生涯的意义。他向我表示了祝贺，也感谢我们给西班牙电信智利子网带来的产品与商务方案。他是一名非常职业化及公事公办的采购高层客户，也是一个资深的采购谈判专家，我和他交手多次，每次都不敢有丝毫松懈，都是竭尽全力战至最后一刻才赢得项目。激动之余，我便要求和他及其他参与谈判的人员拍了一张照片，记录了我在华为13年海外职业生涯中最紧张和重要的时刻。毫不夸张地说，从2012年丢标到2014年扳回项目的两年时间里，华为智利代表处完全围绕着这个无线格局项目展开工作，它牵动着所有员工的心。当我把中标的消息传回智利时，据说很多人都哭了，其中还包括一些本地员工。记得一位财务部门的女同事回忆说，当她在项目组微信群中看到我的信息时，只花了一秒钟就把它传递给了其他财务同事。那一晚，智利代表处彻夜庆祝。

2014年10月17日马德里，智利4G项目谈判现场

从来不发微信朋友圈的我，也发了一条朋友圈："人生在不同阶

段有不同的选择和使命。2014 年，我离开欧洲去智利是人生的一大选择，而我的使命是赢回 4G 项目，奠定华为在智利无线的格局和与西班牙电信的战略合作。感谢机关无线产品线、南美南地区部和西班牙电信系统部领导们的支持，智利代表处项目组兄弟们众志成城、背水一战和项目组前人们的铺垫，2014 年 10 月 17 日于马德里西班牙电信总部完成最后谈判！特此献给所有正在为梦想而奋斗的人！"

在这个无线项目中，我充分体验到了华为"胜则举杯相庆，败则拼死相救"的企业文化，整个华为智利代表处做到了"全营一杆枪""力出一孔，利出一孔"。我因此很快被提拔为智利销售副代表，并获得了公司的总裁嘉奖令。借着与西班牙电信良好的客户关系，在接下来几年中，我和销售团队进一步巩固了华为与西班牙电信在终端、企业网、IT、公有云等领域的全面战略合作。2015 年，华为 P8 手机第一次进入智利的中高端手机目录；2016 年，华为智利获得了全公司第一个 IT 新领域突破的 SAP HANA 项目，以及全公司最大的 Falabella 公有云项目。可以说，我充分利用好了智利华为的平台，在运营商、终端、企业和云领域都有过战略突破，自身得到了充分的锻炼。

2015 年 3 月 1 日，巴塞罗那世界移动通信大会智利无线项目签约仪式

项目成功后，华为非常重视项目成功经验的总结与推广，一般由项目组 PD 牵头输出经验总结报告，发布到公司内部论坛或者供内部讨论学习。这个机制非常好，可以让成功经验得到进一步的传承，也给其他项目的 PD 打开思路。

从以上案例可以看出，华为在海外重大项目的攻城略地，来自非常重视销售的项目运作，通过"铁三角"围绕"营销四要素"（客户关系、解决方案、交付服务和商务融资）来展开工作。其他中国企业也可以建立相关的项目机制，集中公司领导和专家等所有力量，指挥一线的项目攻坚。切记一点，客户关系永远是第一生产力，所有的活动都要围绕"人"展开。

全球销售项目中的竞争策略

尽管在公司层面，华为提倡"以土地换和平"，与友商在竞争中合作，在合作中竞争，但华为也认识到，商场如战场，到了市场一线，一旦短兵相接就只有刺刀见红，你死我活。试想，一个等待了数年的战略项目，丢了就没有了，且丢了就很可能永远地失去这个市场。而友商虽然是以低价获得了项目，但从项目长周期的角度看，还是能获得更多利润，进一步与华为在其他子网项目、其他国家项目中产生激烈的竞争。所以，华为也是非常重视竞争的。

必须灵活地通过各种策略封杀战略竞争对手。同时，为了确保战略项目的成功，还得专门成立相关的部门来跟踪战略竞争项目，加强对主要竞争对手的策划与分析工作，帮助各区域市场了解对手情况并采取相应措施。总结分析对手，为及时制定有关市场竞争策略提供决策依据。华为在项目运作中一般采取以下竞争策略：

稳固优势市场——全力固守优势市场，对客户保持较多人力、物力，全方位维系客户关系，保持狼性攻击。

　　以服务促销售——打好服务牌，提高客户满意度，提升竞争力。服务已是华为赢得竞争项目的重要手段，华为会提前主动关注及推动解决网上问题，建立起和客户运维部门定期沟通的制度，定期向客户决策层汇报服务提升情况，通过服务巩固与客户的战略合作。

　　客户关系渗透——利用网络优势和良好的客户关系，抓住时机，在网改中替换对手设备。

　　赠送策略——对战略性产品采取赠送策略，或者用实验局抢占市场；在弱势市场，利用设备扩容，寻机进入——在设备扩容的招标中，采用灵活的商务来替换对手设备，以达到占领对手市场的目的；替换对手设备——抓住对手设备出现问题的时机，及时公关，以赠送方式替换对手设备，从而占领市场。

第七节 全球化的品牌策略（消费者）

　　华为在全球市场尤其是终端市场取得的成绩，与它良好的品牌战略密不可分。刚刚走出国门时，华为遇到的一大阻碍就是国际上其他国家对中国的偏见、对西方技术的迷信。当时的"中国制造"几乎是廉价和劣质的代名词。即使是技术相对落后的印度、非洲国家及没有自主技术的巴西，都会怀疑中国的技术。在这种情况下，要打破对中国的刻板印象，建立积极正面的品牌形象就尤为重要。

　　华为的手机业务部在 2003 年成立，最早主要是采用 B2B 的模式，为运营商提供定制手机。华为在手机上的真正发力，是从 2011 年开始的。余承东出任华为终端董事长，吹响了向 2C 转型的号角。在 2018 年新年致辞中，余承东如此总结 2011—2017 这 6 年："2011 年，我们开启 2C 转型征程；2014—2015 年为生存而战，我们活了下来；

2016—2017 年为崛起而战，我们现在已基本实现预定目标！我坚信，2018 年会踏上属于我们的崛起之路。"

华为在运营商 B2B 业务上的成功，使它与全球大部分高端运营商建立了战略合作伙伴关系。一方面，这为华为终端 B2C 业务奠定了一定的品牌基础，小米、OPPO、vivo 等任何其他手机厂家拓展国际市场的过程中，都没有华为这么好的先决条件，毕竟电信运营商仍然是手机销售的一个重要渠道。另一方面，华为终端要独立打造手机全球化的高端品牌也并不是一件容易的事。2012 年巴塞罗那世界移动通信大会时，华为手机仍然被很多运营商定位为 100 美元级别的低端手机，完全无法和三星、苹果等第一梯队相提并论。更致命的是，当时的华为手机质量还不是那么好。

那么，华为是如何逐步打造手机高端品牌的呢？[①]

提高产品质量，坚持"品牌是打出来的"

华为有一句口号，"品牌是打出来的"。这句话的意思是说，品牌不是通过宣传就能做起来的，而是由强大的内在实力支撑起来的。华为市场部主管曾对媒体说："面对挑战，能够坚持真正地把客户放在心目当中，将核心价值观传递给客户、合作伙伴、员工，使其能够真正地被认知、认可，能够被体验到，这是做品牌的核心。"产品质量、服务质量、客户满意度等都是华为一直不变的核心竞争力，也顺理成章地成为今天华为品牌形象的核心。在此基础上，合适的品牌活动策划才能锦上添花。

在提高产品质量方面，华为也抓住了消费者的一个关注重点，那就是拍照功能。对于消费者来说，智能手机的语音通话功能早已

---

① 以下文字根据《华为人》相关资料整理而成。

不是关注的重点。华为之所以快速成为手机品牌的"黑马"，背后有其独特的实力和不可替代的地位因素，而其手机拍照功能的快速提升甚至超过友商这一因素，也是功不可没。2019 年 3 月 26 日，华为在巴黎召开华为 P30 系列新品发布会，余承东毫不谦虚地表示，目前的手机拍照纪录只能由华为自己来打破了——事实也是如此，直到华为 P30 Pro 发布时，上届冠军华为 P20 Pro 的分数才得以被超越。华为 P30 Pro 后置搭载超感光徕卡四摄，包含一枚 4000 万像素超感光镜头、一枚 2000 万像素超广角镜头、一枚 800 万大像素潜望式长焦镜头及 ToF 镜头，10 倍混合变焦功能更是目前绝大多数手机无法企及的。此外，华为 P30 Pro 还采用了业界首款 RYYB 色彩滤镜阵列设计，进光量提升 40%。再加上 409600 的最高 ISO，带来手机界绝对领先的夜拍能力，"手机夜视仪"称号非它莫属！

华为依托强大的技术研发能力，坚守注重质量和品质的基因，打造精品。Mate 7 手机就是具有里程碑意义的产品，自此以后，华为形成了定位商务的 Mate 系列、定位时尚的 P 系列和定位年轻人的 nova 系列产品。这种清晰的产品区隔加上精品策略，对华为品牌的提升起到了至关重要的作用。

2017 年，华为手机销售收入增长远高于发货量增长，背后也是这种精品策略的驱动。华为还基于安卓的 EMUI 不断推出 GPU Turbo 等黑科技，以及智慧车载、多屏办公、指纹支付等新功能，持续为用户提供最新的性能和智慧办公、娱乐等方面的丰富体验。在处理器性能上，华为自研的麒麟处理器一直处在手机 CPU 的最前列阵营。为了降低消费者手机维修成本，华为还推出了"惠修一口价"活动，通过返厂维修，实现更换玻璃盖板、主板级维修，降低用户的维修成本。2018 年，华为启动了"久久续航"更换电池的专项活动，支持 70 余款机型，覆盖 1200 多家服务中心和线上商城，每月为 20 万消费者提供极具性价比、便捷的更换电池服务，延长消费者手机使用寿命。

更有意思的案例莫过于华为手机挡子弹事件：2017年4月13日，在一起发生在南美智利的枪击事件中，全金属机身的荣耀5X手机被射中，机主轻伤，逃过一劫。至此，华为手机在全球已经屡次充当用户的"防弹衣"。2016年9月12日，英国《每日邮报》就曾报道华为P8 Lite手机挡子弹的新闻，事件中南非开普敦一位名为亚伯拉罕的男子被劫匪枪击，胸口的手机挽救了他的性命。虽然这两次"手机挡子弹"都是偶然事件，但却可以从侧面反映华为手机对做工和用料的极致追求及过硬的产品质量。而华为手机近年来在全球市场的业绩，其实也从侧面反映了一个事实——过硬的产品品质和优秀的产品体验。华为手机正在受到全球消费者的喜爱，华为手机品牌也声名远播。

与国际知名品牌建立战略合作关系，品牌搭载

为了提高实力、走向国际，华为充分借助了保时捷、徕卡等国际品牌的力量。2016年，华为首次与保时捷合作，推出了Mate 9保时捷款；至2018年的Mate RS保时捷款，华为手机已与保时捷合作三次。这些合作不仅提升了手机的设计水准，对华为品牌价值的提升也是巨大的。此外自2016年起，华为还与著名高端数码相机和镜头的生产厂商德国徕卡合作开发手机摄像头，并推出了P9和P9 Plus手机。之后，华为的每一部手机镜头都获得了徕卡的独家认证。徕卡在玻璃、镀膜、胶水等方面积累了100多年的经验，有些工人在同一岗位工作了37年，其熟练技术连机器都无法取代。这一合作不仅提高了华为手机的相机素质，也提升了华为的品牌形象。在搭载品牌的同时，两大品牌也有相互促进作用。以前徕卡是小众品牌，

现在明显提升了知名度。

品牌宣传

虽然说"品牌是打出来的"，但适当的品牌宣传也是必不可少的，如投放广告、明星代言、展会营销、事件营销等，它们也能进一步促进华为品牌深入人心。

1. 广告营销

华为在海外广告上投入了大量资金，投放大量有战术、有力度的广告。例如在德国杜塞尔多夫，德国民众很少见到整体的车厢广告，而华为在公交车上投放的华为手机的巨幅广告科技感、动态感十足，给人带来视觉上的震撼和冲击力。等候公交车的人，几乎都会侧目欣赏华为的巨幅广告。这些广告在潜移默化中强化了民众对华为的品牌记忆。

2. 明星代言

这也是华为提升品牌形象、带动消费的一大手段。华为曾斥巨资请了一批全球巨星为其手机代言。2016 年，华为签约梅西成为全球品牌形象大使，并推出了 Mate 8 梅西签名限量版。

3. 展会营销

为了宣传自己，华为也在全球积极参加展会，以展示华为的品牌形象。每次参加国际通信展会，华为都会创新地布展，展出最先进的技术和产品。华为的展台一般会与国际巨头的展台相邻，并且规模比它们更大，布置更细致。除了高水准展览本身，华为还会做一系列的后续工作：新闻发布会、答谢晚宴和对客户的回访等。通过一次又一次的展会，华为营造了让世界了解自己的平台，提升了品牌的知名度。

2011 年巴塞罗那世界移动通信大会古堡客户晚宴

2015 年 2 月 28 日，巴塞罗那世界移动通信大会，市中心的华为手机展厅

2017 年 2 月 27 日，巴塞罗那世界移动通信大会的华为展厅

　　每年的美国 CES、巴塞罗那世界移动通信大会等展会，华为都不会缺席。近年来，华为旗舰手机的首发也都选在伦敦、巴黎等全球化大都市，并会举办隆重的新品发布会，致力于提高国际认知度，打造全球化的品牌形象。例如，2019 年最新旗舰华为 P30 系列在巴黎首发，Mate 30 在慕尼黑首发，而 2018 年的 Mate 20 则在伦敦首发。

2015 年 03 月 04，巴塞罗那世界移动通信大会，笔者陪同智利客户
参观华为展厅

2016 年，笔者陪同终端客户参加美国 CES 华为手机发布会

双品牌战略

华为的双品牌战略也是其成功的关键因素之一。任正非 2017 年在俄罗斯代表处讲话时提到："华为和荣耀两个品牌，一高一低，荣耀品牌封住喜马拉雅山的山脚，防止别人打上来；华为品牌就可以在山顶多采几朵雪莲。"这正是华为双品牌战略的精髓。

针对华为手机业务起步时主要聚焦于低端手机市场，以及低端手机利润率普遍偏低的状况，任正非指出，产品只有高质高价，赚的钱多了，才能将更多的钱投到增加土壤肥力的事情上去，进入良性循环。因此在低端市场聚集了能量之后，华为将华为和荣耀两个品牌分开运作，形成"双犄角"，各自应对不同的客户群体和市场。

积极承担社会责任

华为在世界各地承担的社会责任、对社会发展做出的贡献，也为华为带来了品牌形象的提升。2011 年 3 月 11 日，日本发生了人类有记载以来的史上第四大地震，震级 9 级，引发福岛核泄露。当别的电信设备供应商都在撤离日本时，唯有华为选择了留下来。董事长孙亚芳亲自率队前往日本。地震后一周，CFO 孟晚舟也从香港飞到日本。华为日本代表处也在坚守工作岗位，甚至穿上防护服走向海啸现场、核辐射现场、地震现场，深入福岛抢修通信设备，为日本的灾后重建贡献力量。

2011 年，华为为肯尼亚旱灾地区捐赠约 10 万美元；2014 年，华为在沙特阿拉伯向 13000 名学生捐赠平板电脑以支持沙特教育事业；2019 年，华为为津巴布韦大学捐赠了 1 台价值 9.8 万美元的基站设备，用于教学、实验和研究……这些贡献让大家看到华为是一家有社会责任感的企业，这对品牌形象的提升也是有积极作用的。

案例分享：华为手机在智利市场从低端走向高端

2013 年，当笔者刚到智利市场时，华为手机的市场占有率仅有 5% 不到，被当地的运营商定位为 100 美元级别的低端机（见表 4-3）。每次西班牙电信的季度选型会，华为智利都试图让运营商在其产品目录中加入华为手机，但客户总是说库存还没有卖完。因为华为手机还没有品牌，客户还要求必须要比同一档次的摩托罗拉和阿尔卡特等手机更有价格优势，但当时是华为总部统一定价，华为智利根本没有太多降价的余地。因此华为智利的同事那段时间非常痛苦，每次拜访终端采购主管，都是"热脸"贴人家的"冷屁股"。

表 4-3　2013—2018 年华为手机的定位、价格区间与市场份额

	2013 年	2015 年	2017 年	2018 年
对华为的定位	低端	中低端	中高端	高端
最高端机型	没有	P8 4000+ 元	P9、MATE 10 6000+ 元	P20、MATE 20 8000+ 元
市场份额	5%	10%	15%	20%

从 2014 年开始，华为在智利投入了很多广告，包括电视和报纸，还在首都圣地亚哥几条地铁线上都打上了华为广告，尤其是两条线的交会站，更是放上了巨幅的华为手机广告。2015 年 10 月 15 日，华为智利签约智利前国足选手桑切斯，邀请他正式成为华为在智利的形象大使。桑切斯曾效力于英超阿森纳队，是智利家喻户晓的足球明星。在 P8 手机宣传会上，很多运营商高层客户都带来了自己的孩子，要求和桑切斯现场合影。此举效果非常好，一下子提升了华为的品牌影响力。

2017 年，华为还赞助了智利当地的慈善活动 Teleton。该活动是智利影响力最大的慈善活动，致力于帮助残疾儿童，华为的积极参与无疑大大提升了自身在智利民众中的品牌形象。这一系列的品牌活动，效果是非常明显的——2017 年，华为就已经成为中高端品牌的代表；2018 年已经完全成为高端品牌，特别是 P20 和 Mate 20 等旗舰机，成为当地的热销产品，市场份额也达到了 20%！不是华为求着运营商买，而是运营商客户求着华为多给货。

在全球化的过程中，由于各国差异巨大，企业只有采取"全球化 + 本土化"的路线方可制胜。这时，企业针对各个国家的市场，都需要具备品牌营销和渠道零售的操盘能力。华为也在全球启动了"Who is Huawei"的活动来讲述"华为是谁"的故事，这就是为了从品牌层面实现突破。在这些品牌战略的作用下，华为从一个"长在深闺无人知"的大家闺秀，一跃成为世界级"网红"，并在国际市场上树立了良好的品牌形象。

在 Interbrand"2018 全球最佳品牌排行榜"中，华为名列第 68 位，这也是其中唯一一个中国品牌。余承东认为，2018 年是华为消费者业务真正走向全球化崛起的元年，华为手机已经稳居全球行业 TOP 3，但是这场马拉松越到终局，就越艰难。华为要想真正超越苹果、三星，需要在品牌上的进一步突破。华为品牌走向高端，在山顶摘取"雪莲"，而荣耀则面向年轻人市场，"封住喜马拉雅山的山脚"，防止别人重复走华为从低端走向高端的道路，阻止未来潜在的竞争对手影响高端市场。

华为持续将最优秀的人才纳入麾下，将经验和奋斗精神薪火相传，相信华为手机成为世界第一只是时间问题！

第八节 全球化的渠道策略（企业）

2000 年以前，华为基本上是"长在深闺无人知"的状态，因为华为主要在全球几百个运营商市场耕耘，无须面对大众和中小企业。而在运营商市场，华为主要采用直销的方式，几个甚至几百个人围着一个运营商做项目。但是随着业务逐步走向企业市场和消费者市场，华为不得不改变以往纯直销的销售模式，开始建立适合企业市场和消费者市场的渠道体系，直销和渠道销售模式并存。本节主要以企业市场的渠道体系建设为例，来谈华为的渠道建设。^①

建设渠道体系的原因

国际企业市场上，行业众多，各个国家的政治经济社会环境复杂多变，中小企业成千上万，华为不可能同时面对这么多形形色色的客户，因此选择联合渠道伙伴就成了必然之选。

从总代到二代的渠道伙伴网络，可以把触角延伸到全世界每一个角落的客户，华为无须建立庞大的销服团队直接面对众多客户进行业务拓展，渠道就能起到"涡轮增压"的作用。

渠道能从交易、资金、物流、销售和服务等界面，隔离华为直销的各种风险，真正做到遮风挡雨。

渠道伙伴的能力可以与华为形成优势互补，强强联合，共同为客户提供满意的解决方案。例如售后服务，渠道伙伴提供现场服务，华为提供远程技术支持，能妥善解决客户的后顾之忧。

---

① 参考《华为人》等相关资料。

渠道建设的理念

在 2015 年渠道大会上，华为明确提到渠道建设的原则与理念：渠道合作伙伴始终是华为企业业务宝贵的财富，"不忘老朋友，结识新朋友"将是始终坚持的渠道建设原则。华为将坚定不移地执行"聚焦"和"被集成"战略不动摇，并通过稳定且不断优化的渠道政策，凝聚更多的"文化认同、组织协同、价值分享、共同成长"的企业业务同路人，努力打造一个阳光、和谐、开放、共赢的合作伙伴生态圈。

1. 坚持"聚焦"与"被集成"

所谓"聚焦"，指的是华为企业业务只专注 ICT 基础架构领域，不会直接面向终端用户提供基于行业应用的全集成服务；"被集成"是指华为在自身 ICT 基础架构解决方案的基础上，提供开放接口和适宜的开发环境，支持合作伙伴为最终用户提供适合其应用的解决方案。这一策略为华为在渠道合作伙伴领域树立信任、强化合作发挥了极其重要的作用。与过去相比，当前华为渠道合作伙伴的数量及质量都发生了质的飞跃。

2. 不忘老朋友，结识新朋友

在华为的理念里，渠道伙伴不仅仅是商业合作伙伴，更是长期合作的朋友。对于在华为业务发展初期给予过帮助的渠道伙伴，华为不会见利忘义、喜新厌旧，而是在吸纳优秀新渠道伙伴的同时，也给予老的渠道更多的支持，帮助这些老朋友和华为共同成长。渠道合作的核心原则——"利益"，并不是简单的金钱关系，它包含了眼前利益和长远利益，包含了利润，也包含了企业管理和文化，以及"渠道人际关系"。比如下面的一些做法，是真正把渠道伙伴当成朋友：为了渠道发展长远策略，制订渠道成长计划，利用华为的研发、技术、管理等核心竞争力和发展潜力，让渠道自愿跟着华为发展壮大；渠道人员要与代理商的销售人员建立感情，让他们自觉推广华为产品，还可以制订代理商员工个人奖励计划，让这些合作伙伴无论跳槽到哪家代理商都愿意销售华为产品；通过建立一套厂家和渠道之间完善的沟通和管理机制，在制定新政策时充分吸收合作伙伴的良好建议。把代理商的老总请到华为，熟悉华为的管理和文化，让他们与华为共同发展。

3. 阳光开放，合作共赢

阳光渠道是华为企业业务的基本原则之一。严格依据渠道政策，公开、透明地处理经销商的各类违规行为，是华为作为产业链核心的必然使命。

华为渠道体系建设的三个阶段

1. 1999—2008 年，渠道的萌芽阶段

华为渠道建设是从 1999 年起步的，企业业务前身是专网通信部，伴随公司存在很多年了，主要专注于铁路、交通、能源、广电等行业，主要销售一些通信网络设备，比如光网络和大路由器之类的产品，一年的销售额大约在 50 亿～ 60 亿元。这一阶段，华为在海外也零星发展了一些渠道。例如 2004 年，华为在德国签了一些代理商（如Controlware）转卖华为的数据通信产品。当时的渠道代理模式很简单，就是采用买断的方式，备件也简单地按 3% 进行配比。华为只提供三线技术支持服务给代理商的服务团队，代理商服务最终客户。虽然没有专门的渠道经理去管理，但德国的代理商很规范。华为的数通产品质量很好，几年下来也没有出过故障，但代理商还是每年把购买华为三线技术支持的服务合同准时发过来。

2. 2008—2011 年，国际化渠道建设探索实验阶段

2008 年，华为和赛门铁克合资成立了华为赛门铁克公司，意在

借助赛门铁克的力量打开国际企业市场（特别是美国市场），主要做安全和存储两类产品。2012 年，华赛被华为全资收购，所有业务合并入华为企业业务 BG，华赛在海外的渠道体系成为华为企业 BG 国际渠道体系的基础。

在这一阶段，华为对国际渠道建设进行了丰富的探索。华赛在海外并没有大面积开展渠道建设，而是选取了 10 个典型国家进行探索，包括阿联酋、巴西、南非、德国、美国、俄罗斯等。由于品牌、产品及渠道支撑体系都不是很成熟，渠道一开始持观望态度。很多项目是华赛拓展的客户、华赛与渠道共同拓展的客户，或者是牺牲商务给渠道让利的项目。能够与华赛合作的渠道也是一些中小的渠道，大一点的渠道往往对其不感兴趣。虽然不是很成功，但在这个探索阶段，华为积累了很多海外渠道拓展经验教训，为下一阶段的大发展打下了坚实的基础。

3. 2011 年至今，全球化渠道体系发展阶段

2011 年是企业业务的重要分水岭，华为下定决心要做大企业业务。以中国区的专网市场部为班底，华为开始组建企业业务部。首先由威望较高的徐文伟来统领企业业务，洪天峰负责中国区企业业务。两大"金刚"一到企业业务部，短时间内就组建了 6000 多人的队伍；后来又收购了华赛，并入了 5000 名员工。到 2012 年年底，华为企业业务部的人员规模达到了 2 万多人。但企业业务并不是靠人多就行，还得要依靠渠道伙伴。2012 年年初，徐文伟找了 IBM 的顾问进行渠道建设的咨询，给那些从做运营商直销转型的"土八路"洗脑——从运营商直销转型过来的员工根本就不懂企业业务！之前的华为总体上是按照运营商体系在运转，导致企业业务部一个价值 1 万元的合同要经过 7 个人的评审，走一圈下来，华为一单合同的运作成本高达 2000 美元！另一方面，这些从思科、IBM 等过来的专

家按照成熟公司的经验给华为制定了代理商流程，有返点、折扣，有金牌、银牌，有总代、分销，总之完全是把思科的流程拷贝了过来。结果悲剧来了——这套在思科运转得很成熟的流程，在华为却根本转不动！到了 2012 年年底，企业业务部已经到了生死存亡的地步！

因为 2012 年年度目标没有达成，2013 年年初的市场大会上，时任企业业务主管徐文伟、张平安领到了华为第一个"从零起飞奖"。自从获得该奖后，企业 BG 便痛定思痛，开始了真正的从零起飞之旅。此后，企业 BG 把渠道与合作伙伴管理部从三级部门提升到二级部门，开始了全球化的渠道体系建设之路。

企业业务渠道体系建设的策略[①]

1. 坚持被集成的战略

公司高层也认识到了企业业务的问题，遂在苏州召开了一个战略研讨会议。会议做出了一个划时代的结论，那就是制定了企业业务的战略——被集成。由此理清了企业业务的边界，也确立了不与合作伙伴和代理争利的原则，稳住了合作伙伴和渠道代理体系。

2. 以战促和，一手抓大客户，一手抓渠道

企业业务部曾经研讨过这个问题：到底是走向渠道，还是要自己打大客户。最后的结论是：合作伙伴是不会主动和华为合作的，只有以战促和，一边通过高层接触构建具有示范效应的成功商业案例，建立客户和合作伙伴的信心，一边抓渠道建设。而且两手都要抓，两手都要硬。认识到这一点是一个巨大的进步，华为组建了自己的 NA 销售团队，打下山头项目，合同经过渠道伙伴签署。这样既树立了华为品牌，又加大了渠道合作信心，真正做到"点亮一个灯塔，

---

① 冀勇庆：《撞上冰山的华为"企业号"》，《华为老兵》，2015 年 10 月 25 日。

照亮一片森林"。

3. 以营促销，营销并重

华为在 2014 年重点提出了以营促销的策略。因为做运营商市场是直销，华为派大量的客户经理直接面向客户，一步一步靠各种直销的方法和手段与客户建立起关系实现交易；但在企业市场，华为无法真正接触到所有客户，要把 NA 全部覆盖到也很难，终究要依靠渠道来实现销售。所以，营销工作就显得尤为重要。"营"的价值就是提升公司面向企业客户的品牌，促进销售线索的生成，扩大销售管道，使管道里装的东西越来越多，通过合作伙伴去实现销售。

4. 构筑渠道能力和队伍，发展专业化渠道

如果华为在面向客户时有了品牌影响力，那么第二个要建设的核心能力就是构建渠道的能力，而且要基于不同的产品来发展面向不同产品的专业渠道。重点发展能力型渠道，而不是通路型渠道；在发展渠道的同时，还要培养、激励和支持好渠道；要把华为的产品嵌入合作伙伴的解决方案中，并对渠道赋能，让渠道合作伙伴有能力销售华为的产品、交付华为的产品和提供基础的现场服务。

要建立快速响应机制，使真正在客户界面上操作项目的合作伙伴能得到华为或者渠道上游的快速响应和支持；还要基于渠道合作伙伴做出的贡献来建立利益分享机制，使渠道合作伙伴在客户界面上做出的贡献越多，分享的利益就越多。在此基础上，还要考虑如何通过政策牵引或适当的费用补贴，激励合作伙伴发展专职的华为销售队伍，用有限的资源撬动更多的渠道合作伙伴人员去面向企业客户推广、销售和交付华为的产品。

5. "一国一策"的渠道策略

对渠道政策，华为提出了"一国一政策"的策略。在企业 BG 聚焦的 20 个国家，以国家为单位来构筑渠道政策。因为渠道业务具

有很强的本地属性，各个行业在不同的国家具有不同的特征，竞争对手在不同的国家品牌影响力不同、渠道政策不同、价格体系不同，甚至整个模式都不同，很难做到一个渠道政策可以适配所有国家，所以企业一定要因地制宜，以国家为单位把渠道管理的战略、框架、政策、流程等构建好并运作起来。

华为强调，公司每一项政策的优化和调整都要非常慎重，一定要从渠道伙伴的视角去审视，看这项政策是激励了合作伙伴还是伤了合作伙伴的心；政策的调整是否会让渠道伙伴认为华为的渠道政策不稳定，从而影响渠道伙伴与华为长期合作的信心；制定的一些激励政策是不是真的有激励作用，是否有利于牵引整个渠道链条聚焦为客户提供服务，是否有利于打造一个透明、阳光的生态环境，等等。

6.战略投入，让利渠道，构建生态体系

华为很早就意识到，发展渠道不能只想收获不想播种，要有适当的投资。在一个全新的市场发展企业业务，客户和渠道伙伴都不了解华为，在初期是需要一些投资的。华为每年都会规划战略发展基金投入，支持渠道。比如给总代提供一些展示用的设备，既有利于产品推广，比单纯的品牌活动效果可能也好一些；比如送一些设备给当地培养 IT、IP 人才的学校，并与它们合作开展培训和认证，让当地的 ICT 准从业者在学校就开始用华为的产品、通过华为的认证；又如免费向全球的高校开放一些云服务，培养高校教师在华为的云服务环境下开展科研创造活动的习惯。这样，就会让越来越多的人成为华为的支持者，从而构筑起一个人才生态体系，建立起广泛的群众基础。华为认为，与渠道伙伴的合作不能总想着华为不能吃亏而把风险都留给合作伙伴。合作的基础是利益共享、风险共担，特别是在市场拓展的初期，应该是自己多吃一点亏，让合作伙伴分享更

多的利益，这样才能吸引越来越多的渠道伙伴加入华为的渠道队伍。

展望：从"被集成"到"Huawei Inside"

2018 年，华为企业业务突破百亿美元销售收入，成立 8 年来年均增长 40%。通过与全球生态伙伴的开放合作，全球 2.2 万渠道伙伴、1200 多个解决方案伙伴及 3900 多个服务伙伴贡献的收入占比达 80%，真正发挥了千军万马的力量。2018 年，华为在苏州金鸡湖召开了企业业务的第二次战略务虚会议，明确了全球范围内的行业数字化、智能化是华为面临的重大战略机遇，并且对企业业务提出了新的定位，开启了企业业务的 2.0 阶段。企业 BG 总裁阎力大在"华为中国生态伙伴大会 2019"上提到，站在智能时代的入口，在坚持"被集成"的基础上，华为企业业务的新定位是"Huawei Inside"，通过"无处不在的联接 + 数字平台 + 无所不及的智能"，致力于打造数字中国的底座，成为数字世界的内核。华为将以数字化底座为支点，以开放共赢的生态为杠杆，携手生态合作伙伴，一起撬动智能时代，帮助客户取得商业成功。

案例分享：智利 Falabella 公有云项目

为向读者更清晰地介绍华为全球化的渠道策略，下文中笔者将以第一人称的视角，与读者分享这一案例。

2014 年年底，西班牙电信被华为确定为公有云唯一全球战略合作伙伴，智利是首批开展联合公有云运营的国家。西班牙电信系统部总裁邓涛非常重视公有云的拓展，特意给我打电话，希望我重视这项工作，还直接承诺了公有云突破的专项奖金。当时华为智利团队的策略就是把西班牙电信当作一个渠道，利用西班牙电信在智利众多的企业大客户进行拓展。我和孙浩、冈萨洛（Gonzalo）、玛乔丽（Majorie）等同事组织了好几次与西班牙电信企业客户部门的研讨会，让西班牙电信企业部门感受到华为在企业领域的实力及对公有云的战略投入。

功夫不负有心人。2016 年 5 月，西班牙电信企业销售总监爱德华多（Eduardo）对我说，Falabella 计划为零售部门建立云数据中心，还促成了一次与 Falabella 集团 CIO（首席信息官）的午餐会。会后我立即意识到，这是个绝佳的好机会——Falabella 是 1889 年创建于智利圣地亚哥的一家大型的跨国百货连锁企业，员工 6.5 万人，在阿根廷、秘鲁、哥伦比亚都有分部，拥有南美最大的百货商店。我们立即组织资源，策划了核心客户回国参观，还带他们参加了华为在上海的全联接大会。此行令客户非常认可华为，说没有想到华为在云领域有这么强的实力。回到智利后，我们趁热打铁，又邀请公司专家来智利进行交流，消除了客户的疑虑。同年 10 月底，Falabella 就基本确定了让华为来承接其云业务。

这个项目是当时公司最大的公有云项目，直到 2019 年年初，仍然是拉美地区收入最高的一个公有云项目。2016 年 11 月，时任拉美区总裁郑良材还特意飞来智利见西班牙电信高层客户。我专门组织了一个午餐会，感谢客户在 Falabella 公有云项目上的联合拓展。华为云是 2017 年才成立的新业务单元，在智利当地完全没有品牌和客户基础，借助西班牙电信这样的渠道进行拓展是非常正确的选择，这个项目充分显示了渠道的力量。2019 年 8 月 28 日，西班牙电信企业总裁佩德罗（Pedro）还给我发了一条信息说，华为云宣布智利大区开服，面向拉美区域提供全线云平台及 AI 能力。这条消息让我感到非常欣慰，毕竟那是我曾经奋斗过的地方，也是我们共同开启华为云服务的地方。

第九节 全球化的商务策略

华为的项目都是以百万美元为单位的，动辄几千万美元甚至上亿的项目也是家常便饭，合同商务直接决定了项目是否成功，以及项目的盈利水平。因此，合同商务一直是华为全球化拓展过程中最为敏感和关键的一环。

被人误解的低价竞争

经常看到一些文章说，很多中国企业靠低价竞争赢得海外市场，华为在国际市场的成功，自然也被扣上低价竞争的帽子。但实际上华为很早就意识到，一味的低价，损害的不仅仅是自己的利益，而且是整个生态和产业链。任正非在各种讲话中多次提到："华为不要低价竞争，如果使用低价，西方公司就参与不了，那华为就是垄断，我们就很危险。我们要给其他公司生存的空间。"

2013年，任正非在和广州代表处的座谈中明确指出："不能动不动就搞什么恶战，别老想低价竞争的问题，这是历史了，这是过去华为公司的错路，要终止，否则华为就会破坏这个世界。华为还是要以优质的产品和服务打动客户，恶战和低价是没有出路的。"

价格是一个公司综合实力的体现

决定一个项目或者产品的价格因素有很多，例如制造成本、解决方案、品牌影响、客户关系、服务水平、竞争状况、当地政治经济环境等。虽然华为现在强调不要低价，但这是因为华为的综合实力已经强大了。而在国际市场拓展初期，则是另一番景象——华为孤军深入，一切从零开始，有些客户第一次听说华为，华为根本谈不上有品牌；由于是初次进入，产品和解决方案也不一定是最符合客户需求的；客户关系、服务水平更是白纸一张，在如狼似虎的竞争对手面前，客户根本不会给华为任何一试的机会。由此，华为只能以低价甚至赠送的商务策略来赢得第一单的突破。"用低价格撕开市场的缺口"，这是华为不得不采取的一种策略。

例如法国 LDCom 公司的案例：2001 年，LDCom 公司建设 DWDM（密集型光波复用）国家干线传输网项目，当时同华为竞争的都是一些国际巨头。因此，华为使用了低价策略——DWDM 产品在这个项目的一期建设中就可为 LDCom 公司节省 35% 的投入，整个工程 4 期建设完工后，可节省 50% 的投资，而华为的产品在技术和质量上不逊色于任何一家竞争对手的产品。这种巨大的优势打动了 LDCom 公司。

又例如 1999 年泰国移动运营商 AIS 的移动智能网项目，第一期项目是通过公司高层关系赠送给 AIS 免费试用的。刚开始，客户还将信将疑，担心"免费没有好货"，但华为交付服务团队通过努力，在 45 天内就成功开通了智能网。这样的工程交付速度和工程质量彻底征服了客户，于是有了后面的 10 多期扩容项目。通过第一期的免费试用，华为不仅赢得了整个网络和客户，而且树立了国际样板点和品牌。这样的价格战略，正体现了"欲先取之，必先予之"的智慧。

华为之所以能在国际拓展初期使用低价策略，与产品制造成本低不无关系。任正非在接受 CNBC（美国消费者新闻与商业频道）记者采访时说道："我们之所以能根据较低的成本定价，一是因为我们的技术快速进步，产品成本得到降低，二是因为我们引入了西方的管理手段，运营成本也保持在低位。"

随着华为品牌影响力的不断增强，客户关系、服务水平等综合能力的不断提升，最关键的是华为通过针尖式发展战略，在部分领域已经进入了无人区，它给客户提供的产品解决方案的内在价值也得到了很大提升，商务上有一定的高溢价是理所当然的。

灵活的商务策略

因为国际市场的复杂性和多样性，华为在项目的商务报价策略上是非常灵活的，每个销售项目组都有专门的商务经理加入，从标前和客户预算制订阶段就开始介入项目，引导客户预算和标书。投标阶段，商务经理要不断地收集竞争信息，并根据项目成本预测和项目各方面因素评估，确定最终报价。项目如果有特价，要经过特价商务评审。

定价方法主要有两种：一是竞争定价，就是根据竞争对手的价格和自身竞争水平情况来制定自己的价格；二是成本定价，就是对项目的成本进行精确预测，并加成一定的利润和管理成本分摊进行报价。当然，很多时候是二者结合，并考虑客户的预算与期望值、客户关系、解决方案等多方面因素。华为灵活的商务策略主要体现在以下四点：

1. 把蛋糕做大，摊薄成本，牺牲局部商务获取整体盈利

华为起家的运营商业务，是一个"地盘生意"，只要能让自己的产品进入并牢牢捆绑在客户的网络上，后续总会有很多扩容的机会。所以，华为往往通过优惠的商务获得首单的突破，一旦新设备安装到了客户的网络上，新的性能往往会给客户带来新用户数量的增加、网络流量提升，那么客户设备扩容的需求很快就会被提上日程。华为可以通过后续的订单采购，实现整个项目周期的盈利——第一年亏，第二年回本，第三年盈利。

同时，很多电信设备的硬件标准与规格是国际通用的，当华为在各国都实现市场突破时，又可以通过规模化的量产进一步摊薄产

品的成本。这就是华为内部宣扬的"把蛋糕做大"和"薄利多销"的道理。在这一点上，西方竞争对手往往由于成本上处于劣势，竞标过程中的商务授权也没有那么灵活，导致在竞争中眼睁睁地看着华为中标。他们认为华为一定会亏，但从长远的角度来看，华为却越做越大，它成功地运用智慧，在成本与盈利间找到了巧妙的平衡。

2. 面对竞争，以组合拳应对

华为的优势市场，通常以较高的价格中标。但在竞争对手强烈要求进入时，华为会采取从营销四要素（客户关系、解决方案、商务、服务）联合封杀的策略，构筑铜墙铁壁，以保证优势市场的稳固。而在对手优势市场，华为会潜伏寻找机会，抓住对手设备中出现的问题或者扩容机会，及时进行公关，在重要项目中采用最低的价格来夺回失去的市场地位和市场份额。

3. 保持商务的灵活性

华为在商务报价上非常灵活，以灵活的商务报价来保证其市场份额和利润之间的平衡，项目的利润测算可以放长至整个项目生命周期。例如针对不同的单板或者不同产品，折扣可以不同；赠送部分产品保持总价低但单价高，以便扩容时补回利润；产品价格低但服务价格高，通过后续的服务收费弥补利润；合同条款上留出谈判空间和后续项目变更的空间；等等。

4. 充分发挥客户关系、产品与解决方案、服务整体优势，给客户创造价值，这样也可做到高价中标

华为高级顾问吴春波在《静水潜流——华为国际化的启示》中指出："从长期来看，价格优势不能成为中国企业的核心竞争力，因为这种优势本身很脆弱，客户可能选择你的产品，但不能认同你的品牌。中国企业取得国际市场竞争优势的关键还是要体现自身实力的核心竞争力。"华为通过全球化的研发、不断提升各国本地化

的服务等手段，不断给客户创造商业价值，也不断提升自己的品牌，从而实现从低价走向高价。

2012 年夏天，华为在欧盟遭遇低价倾销指控，任正非与欧洲各国政府沟通，最后以涨价的方式让欧盟撤销了指控。现在，华为在欧洲市场的价格与爱立信相当，略高于阿尔卡特和诺基亚，这也是顺理成章之举。2013 年 11 月，国务院总理李克强在罗马尼亚访问，问及华为在欧洲的运营情况时，任正非汇报说："华为现在是卖高价，因为卖低价就把西方公司都搞死了。"涨价给华为带来了利润的提升。任正非告诫华为人："在海外市场拓展上，我们强调不打价格战，要与友商共存双赢，不扰乱市场，以免西方公司群起而攻之。我们要通过自己的努力，通过提供高质量的产品和优质的服务来获取客户认可，不能由于我们的一点点销售来损害整个行业的利润，我们决不能做市场规则的破坏者。"

针对价格不敏感的客户，企业只要有过硬的客户关系和优质的解决方案与服务，完全可以报高价中标。典型的案例是《华为人》所报道的《阿联酋 3G 项目"高价中标"的背后》：2003 年，阿联酋电信运营商 Etisalat 的 3G 项目成为华为在全世界的第一个 3G 商用合同。阿联酋拥有巨额的石油财富，人均 GDP 位居世界前几名，这使得 Etisalat 在采购设备时，对质量和服务要求苛刻，但对价格不敏感。Etisalat 的员工大都从未听说过华为，对这家中国公司将信将疑，当负责研发的李昌竹第一次与客户交流华为 3G 产品时，他们的脸上更是写满了惊讶与疑惑。客户甚至不会读 Huawei 这个单词，老是念成 Hawaii（夏威夷）。对此，华为并不气馁，经过一次次拜访、交流，客户终于被华为的诚意所打动。2003 年 4 月，Etisalat 邀请华为参与其 3G 实验局的招标。

由于 3G 项目组和公司上下的共同努力，华为在 Etisalat 移动部门建立起了从普通工程师到高层的广泛客户关系。通过实验局的展示，华为的强大实力得到了客户的全面认同。当年10月，华为作为第一个设备商被客户邀请进行3G谈判。在商务策略上，尽管有几家国际公司以低价竞标，有的出价甚至只有华为的一半，但是在优秀的技术表现支撑下，华为本着不卑不亢的态度，有技巧地与客户进行多轮诚恳的商务和技术谈判，最终"高价中标"！Etisalat选择华为，不仅是出于对华为产品技术的信任，更是出于对华为人的信任。华为公司董事长孙亚芳与阿联酋代表处员工座谈时动情地说："你们是凭着一种精神赢得了这个项目。"这种精神就是时时刻刻为客户着想、把为客户服务的每一个细节都做好的精神。正如华为高级副总裁丁少华所说："我们把每一项工作都做得非常完美，客户已经找不到任何理由来拒绝我们了！"

综上所述，价格是价值的体现，是和公司品牌、成本、解决方案、服务、客户关系、环境、竞争等各方面因素强相关的。华为的案例告诉我们，低价可以用于某些竞争的场景，特别是在市场首次突破时。低价战略是企业出海早期行之有效的方法，但最好设定一定的时间期限和范围，不可持续；当公司整体实力提升后，应该以灵活的商务策略来赢得市场和利润，不以低价破坏这个行业的生态。从长远的角度看，打铁还需自身硬，必须通过高质量的产品和服务赢得客户的信任，为客户创造商业价值，从而建立自己的品牌，从低价走向高价。只有有了合理的盈利能力，才能使企业有足够的资金投入到研发和能力提升方面，才能可持续地为客户创造价值。

第十节 全球化的财务管理

作为一个年收入超 1000 亿美元、业务遍布 170 多个国家的公司，有一套全球化的、科学高效的财务税务系统，显得尤其重要。[①]

财务转型

2007 年，在一次内部会议上，任正非忧虑地说道："我们的确在海外拿到了不少大单，但我都不清楚这些单子是否赚钱。"尽管从 2000 年开始，华为公司的财务部门已经参与成本核算，但是公司还是缺乏前瞻性的预算管理——中国绝大部分企业很难做到这点，但这是跨国企业擅长的。如果留意 IBM、思科等国际大公司对未来财务指标的预期，就会发现这些公司的财务预期都非常准确，这是因为这些国际大企业的财务体系参与到了整个业务流程中。对每个产品的定价和成本核算，它们都拥有一套完整的制度和运作流程，以确保每一单投标都能清楚地计算出成本和利润。

尽管华为的扩张步伐强劲，但是如何在保持高速增长的同时进一步提高盈利水平，成为华为必须解决的问题。正是认识到这个问题的严重性，任正非决定把规范的财务流程植入华为的整个运营流程中，以实现收入与利润的平衡发展，告别不计成本的"土狼式"冲锋，更有效地支持全球化的运营和增长。

财务体系建设的两个重要阶段

第一阶段是 1987 年至 2006 年。从起初的手工记账到 1996 年 ERP 系统上线、1998 年实现财务四统一（流程／制度／编码／监控），

---

① 根据《华为人》相关资料整理而成。

再到 2006 年华为账务组织全球的共享，华为财务用 20 年时间完成了基础的财务团队建设。从 2005 年开始，华为的账务陆续规划了一系列的变革项目：新四统一项目，搭建全球统一的会计政策、核算流程和 COA（会计科目表）体系；海外 ERP 实施项目，统一海外核算系统；共享海外的核算组织，七大共享中心相继成立。

第二阶段是 2007 年至 2014 年。这 8 年间，华为进行了重大的 IFS（集成财务系统）变革。IFS 变革由集团 CFO 孟晚舟作为项目经理主导，解决了财务如何与业务融合及财务流程如何与业务流程对接等问题。

建立全球财务共享中心

1. 建立财务共享服务中心的原因

财务共享服务中心将不同国家、地点的会计业务放在一个特定的平台上记账和报告，把集团内部共有的财务职能集中起来，并将标准化的财务服务提供给各业务部门。财务共享服务中心的财务流程一般包括总账、应付、应收、固定资产等，单个财务人员只需处理集团的同一个账目，并在 ERP 等系统上对财务数据进行共享。建设财务共享中心有以下几个方面的优势：流程简化，财务管理水平和工作效率提高；财务管理成本降低；信息全面准确，快速为公司发展战略提供支持等。

2. 华为财务共享中心建设实践

作为一家产品和服务应用于 170 多个国家、服务全球三分之一人口的大型企业，华为的财务机构必须思考如何更好地服务企业在全球范围内的发展。2005 年开始，华为陆续规划了一系列的变革项目，其中就有建立财务共享中心。此后，全球七大共享中心相继成立。而在之前，华为采用的是传统的财务模式，财经体系是一个独立的部门，其中包括公司的所有财务人员，它的职能上大体分为三块：账务、财务管理、内审。但这种传统的财务模式暴露了诸如效率低下、流程复杂、财务人员与其他业务部门隔离等问题。建立财务共享中心以更好地支持企业的管理和决策，成了迫在眉睫之事。

在组织结构方面，华为设立了财务共享服务部和财务管理部。财务管理部的职责是负责公司的财务预算、绩效、数据分析、战略管理等。财务共享服务部的职责是负责公司的基础账户核算、资金、财务报表等。公司也在逐渐把核心的财务工作交给财务共享服务部门，使财务共享中心发挥最大的效益。

在财务流程管理方面，由于财务共享中心的建立，财务流程得到了极大的简化，财务工作的处理步骤得到了固化，形成了标准的财务业务处理模式。公司也会根据自身发展和各地的具体情况，对当地的财务共享中心的流程做及时优化。在财务信息系统管理方面，华为建立了独有的、统一的财务信息共享平台，其中包含财务各个板块的处理模块，也保障了各个下属公司的信息接入，从而实现全球财务数据共享，也能更为直观地体现公司的财务状况。同时，华为通过其本身就具备的技术优势，保障了财务共享系统的信息安全，并能做到持续优化与完善。

在全球统一核算方面，华为在账务集中管理模式下有一个基本的要求，即每个数据都应该尽可能地进行多维度的运算。只有把多维度的数据体现出来，才能根据不同的需要形成有针对性的各类报表。财务共享服务中心的建立与完善，使得公司对全球财务状况的把控更为有效，从而能够更好地实施财务内部控制。同时，华为还积极推进财务业务流程的简化与标准化，极大地提升了财务工作的效率。

3. IFS 变革

华为也经历过一段粗放式增长的时期，业务突飞猛进，利润率却逐年下滑。根据华为 2007 年年报，华为营业利润率从 2003 年的 19% 下降到了 2007 年的 7%，净利润率则从 14% 下降到了 5%。任正非发现，财务竟然成了华为的成长障碍。虽然从 2000 年开始，华为已经在做成本核算，但是还没有前瞻性的预算管理；虽然财务部门已经能够在事后计算出产品的利润，却没有参与前期的定价和成本核算。诸如此类的事情很多，于是任正非痛下决心，亲自给时任 IBM CEO 彭明盛写了封信，要求 IBM 帮助华为完善财务管理。之所以要给彭明盛写信，是因为这方面是 IBM 的核心竞争力，一般情况下 IBM 并不愿意轻易示人。此后，IBM 全球最精锐的财务咨询顾问进驻华为，启动了 IFS 项目。

IBM 的顾问帮华为搭建起财务的作业体系，就像修了一条自来水管道，让每个业务人员知道自己的哪些动作要被记录，哪些信息要传递给财务并体现在财务报告上。这些业务流和数据流，只需要沿着既定的管道往下流就可以了。但是业务人员知道了每个节点的要求还不够，由于没有具体的规则细节，数据质量还是没有得到很好的管理。也就是说，自来水管道虽然建好了，但是里面流的是脏水，这就衍生出 2013 年年底公司推行的财报内控项目——引入 KCFR（Key Control over Financial Reporting，财务报告的关键控制）概念。从财报结果往前看，华为梳理出影响财报结果的前端业务流程关键活动，建立起相应的测评指标，联合业务一起例行监控、改进，并将其逐步落入前端流程。业务的语言和账务的结果建立起了关联。

也是从这个时候开始，业务的手才终于和财务的手握在了一起。业务人员开始明白，财务报告不是财务一个部门的作品，而是公司所有人共同的作品，业务部门任何一个不经意的动作都会对财务产生影响。业务要跟财务一起主动解决问题，想办法在前端业务设计时满足财务的诉求，一起做出最真实的财报。IFS改革给华为的业务运作解决了一些问题，例如提高了PO（订单）效率，交付更加及时，PO信息打通，开票回款问题减少，财务管理水平提高，供应商付款及时，业务与财务能有效融合。IFS变革主张业（务）、财（务）融合，让财务走入业务大门，成为业务的伙伴，助力企业扩张与内控的和谐统一。它最终让华为成为具有长久生命力的公司。

华为财务IFS变革自2007年启动，至2014年基本完成。任正非在2009年财务系统表彰大会上讲道："我们要坚定地支持公司的IFS变革，通过3～5年的努力，实现'加速现金流入，准确确认收入，项目损益可见，经营风险可控'的变革蓝图……真正实现'计划、预算、核算'的全流程管理。"IFS变革为华为培养了数千名合格的财务总监，他们深入华为各个业务部门，把规范的财务流程植入华为公司的整个运营流程中，实现了收入与利润的平衡发展。这也是最近几年华为虽然营收增长放缓，但是利润的增长仍然不错的重要原因。所以说，财务管理也是生产力！

全球税务筹划

2015年和2016年，华为的所得税税负率分别为12.9%和13.4%，低于我国企业所得税税率25%，也低于我国高新技术企业优惠税率15%，处于较低的水平。

1. 华为全球税务筹划的动因

华为致力于全球化战略，市场份额和收入大部分来自海外，海外员工众多，涉及的税种已超出了所得税、流转税的范畴。对全球税务进行总体筹划和切实执行，是华为海外扩张过程中的重大课题。

2. 华为国际避税地的选择

华为将欧洲区域的控股公司设为荷兰华为技术有限责任公司。它是欧洲区域子公司的投资主体，欧洲区域各子公司的股息分派给华为荷兰，注册地在荷兰，使得华为荷兰具备以下进行税务筹划的条件：

（1）广泛的税务协定。荷兰已同美国、英国、中国等近50个国家签订了全面税收协定，对丹麦、瑞典、芬兰、英国、美国等国家股息预提所得税税率为零。

（2）欧盟成员国身份。荷兰作为欧盟成员国，可以享受欧盟法令的有利条款，欧盟内关联公司之间的利息和特许权使用费预提所得税税率为零。

（3）居民公司税收优惠政策。荷兰税法规定，居民企业取得的股息和资本利得按35%的企业所得税课征，但对符合一定条件的外资部分所取得股息和资本利得按所占比例全额免征公司税。

中国香港、新加坡也是华为选择的国际避税地。

华为充分利用中国香港和新加坡的税收网络，进一步降低税负。香港作为避税地的优势在于无股息和资本利得税，且对来自海外的收入免税；距离内地近，相对容易建立商业实质，可满足税务局的商业实质认定和检查要求。其劣势在于税收协定网络相对狭窄。新加坡作为避税地的优势在于整体税负低，对满足条件的企业提供丰富的税收优惠政策，税收协定网络广泛；劣势在于对股息收入免税的要求较高。

3. 华为子公司控股架构的设立

华为对子公司所得设置，一般采用税后所得分配到有税收协定关系的所在国，税前所得分配到低税率管辖地区，并通过股权架构筹划有效降低税率的策略。控股架构转换前，海外欧洲区域的各子公司如果将股息汇回国内，需要交纳 10% 的预提所得税；而通过控股架构的设置增加中间控股公司，欧洲区域子公司的预提所得税降为 0。

4. 华为资本结构的税负效应

在安排税法上，对利息和股息的差别对待使借款利息可以在税前扣除，而股息则只能在税后分配。华为的做法是用对海外子公司借款的方式，使海外子公司享受到利息支出税前扣除带来的整体税负降低。华为海外子公司资本结构的调整带来了税负降低效应。作为跨国经营和全球税务筹划的典范，华为能为我国企业的跨国经营和全球税务筹划提供良好借鉴。

综上所述，企业在跨国经营的过程中，必须把规范的财务流程植入整个运营流程，必须积极应对来自税务方面的挑战，在各国税法的基础上，通过对国际税法的理解和运用，开展全球税务筹划，降低企业负担，从更长远的角度，不断使财务管理成为企业全球化中的生产力和竞争力。

第十一节 全球化的公共关系

华为的傲人业绩有目共睹，近年来华为面临的风波也是一波未平，一波又起。面对外界的各种质疑与争议，华为的公共及政府事务部从幕后逐步走向台前，承担着激烈复杂的公关责任。早在 2015 年，任正非在公共及政府事务部工作汇报会的讲话中就提到："公共及政府事务部工作的总体目的是帮助公司减少阻力，营造良好的商业生态环境。公关部不是一个进攻型的组织。在技术上，华为已不可避免做到行业世界领先，公共关系就是要平衡华为市场霸主的形象。公共关系不是强势部门，而是做一个和事佬。如果有人希望你们公共关系做一个进攻型的组织，帮助他们解决什么问题，我认为反而是错的。公共关系过于激进带来的后果是什么？阻力会更大。因为我们本身就像一把刀子，已经插得很深了，如果你们还推一下刀子，那么阻力只会更大。"正是在任正非的这种指导方针下，华为的公关部门处理了很多危机。

华为公关案例一：与思科的专利纠纷

这是华为创立以来第一次被外国企业起诉。2003 年 1 月 22 日，思科公司在美国得克萨斯州东区联邦法庭向华为提起诉讼，指控华为侵犯其多项知识产权。2003 年 10 月 1 日，原告与被告达成初步协议，同意在独立专家完成审核后中止诉讼。2004 年 7 月 28 日，华为公司和思科公司向法庭提交终止诉讼的申请，法院据此签发法令，终止思科公司对华为公司的诉讼，最终解决了该起知识产权案件的争议。

华为的公关在整个过程中都表现得非常冷静，分析形势并研究法院判案的模式，缜密思考应诉对策；面对国内外媒体的咄咄逼人，也表现得不卑不亢，冷静沉稳。华为一方面向公众表明自己的立场，坚定表示自己没有侵权，另一方面谨慎撤回美国市场上的产品，集中精力应付诉讼。华为的种种动作显示了这个走向全球化的企业在危机管理方面的水平，它用其特有的冷静和坚韧面对问题。华为人首先理性认识到，这是一场商业官司，绝没有把一场商业官司用民族情绪来渲染，引起更加复杂和失控的局面。

华为公关案例二：孟晚舟被扣留

2018 年 12 月 1 日，华为公司 CFO 孟晚舟被加拿大当局扣押，正式消息是加拿大媒体在 12 月 5 日披露的。这一事件对华为来说猝不及防。华为的官方回应在北京时间 12 月 6 日上午华为公关部总裁陈黎芳的微博上出现。随后，华为中国的官方微博也发布了这一声明："近期，我们公司 CFO 孟晚舟女士在加拿大转机时，被加拿大当局代表美国政府暂时扣留，美国正在寻求对孟晚舟女士的引渡，（孟女士）面临纽约东区未指名的指控。关于具体指控，（相关部门）提供给华为的信息非常少，华为并不知晓孟女士有任何不当行为。公司相信，加拿大和美国的法律体系会最终给出公正的结论。华为遵守业务所在国的所有适用法律法规，包括联合国、美国和欧盟适用的出口管制和制裁法律法规。"

这是一份符合公关专业要求、情绪克制，但是又绵里藏针、话里有话的公关声明，玄机无限：讲述了事实"暂时扣留"，"未指名的指控"；说明了原因，"信息非常少"，"并不知晓孟女士有任何不当行为"；表明了态度，相信法律公正，遵守业务所在国法律法规；措施未提，可能有敏感原因或节奏把握原因不方便提及。

被保释后，孟晚舟在朋友圈配上华为广告图片"伟大的背后都是苦难"发布信息："我在温哥华，已回到家人身边。我以华为为傲，我以祖国为傲！谢谢每一位关心我的人。"和华为的官方公告相比，这条朋友圈具有显著的个性特色，具体表现在以下四个方面：第一，当事人视角，主题词是"我"，强调"我"的感受、"我"的体验；第二，直白的情感，"以祖国为傲"；第三，感恩之心，"谢谢每一位关心我的人"；第四，不忘品牌植入，配发了华为的宣传图。

此次事件是一场密集展开、高潮迭起的公关大戏。先是一则情绪克制但又绵里藏针的公关声明；被保释后，当事人又通过个人朋友圈发布了一条"以华为为傲，以祖国为傲"的声明，既植入了华为品牌，更将个人遭遇、企业行为与家国情怀巧妙地捆绑在一起。

借此危机，华为通过密集的媒体采访，又宣传了自己的领先技术和品牌。

华为公关案例三：美国将华为列入"实体清单"

2019年，美国商务部以国家安全为由，将华为公司及其多家附属公司列入出口管制"实体清单"。这意味着美国将不再为华为供应电子芯片，华为生产端面临前所未有的危机。在这一背景下，华为海思总裁何庭波宣布：华为海思将会把所有曾经打造的备胎转正，今后还将保持开放创新，并实现科技自立。"今后的路，不会再有另一个10年来打造备胎然后再换胎了，缓冲区已经消失，每一个新产品一出生，将必须同步'科技自立'的方案。"内部信曝光后，《人民日报》、央视新闻、《环球时报》等媒体的官微纷纷转发，为华为打气。无论是公开信本身还是随之而来的舆论发声，都对华为民族企业的形象进行了加持。凭借一封内部信，华为上演了有史以来"最精彩的公关"。

在以往的话题事件中，事件的核心人物常常处于隐身状态，但在此次"芯片危机"中，何庭波却通过内部信主动发声。何庭波的措辞有明确的措施与目标，这些清晰具体的策略都使得这封信格外真诚、富有感召力，这也是引发网友"刷屏"的重要因素。

自1987年华为创办以来，任正非接受媒体采访的次数不超过10次。但自2019年1月任正非接受央视采访公开表示"我一定要让客户理解我们，一定要让18万员工理解我们，团结起来奋斗，渡过这个困难的时期"起，他作为华为企业领导，先后接受了英国广播公司（BBC）、美国哥伦比亚广播公司（CBS）、《华尔街日报》、《金融时报》及美联社、路透社和彭博社等众多国际媒体的联合采访。任正非频频接受中外媒体的采访，也是华为的一种公关。

2019 年 8 月 16 日，任正非在接受英国《天空新闻》专访的时候就表示，没有特朗普的宣传，全世界都不知道华为公司这么厉害、这么好。以央视的采访为开端，据不完全统计，这场华为史无前例的公关"闪电组合拳"包括：高管大规模接受全球知名媒体采访，请全球媒体到深圳总部考察，在脸书、推特等全球社交媒体传播投放，各国报纸版面、热门电视节目曝光，巴塞罗那世界移动通信大会大声量覆盖，在深圳召开起诉美国政府的新闻发布会等。

华为的公关策略

通过对以上案例的分析，再结合华为一线公关实践及任正非多次对公共关系的指示，可以总结出华为主要的全球化公关策略有以下四点：

1. 要打造一支具备全球作战能力的公关铁军

在公关人员招聘方面，华为更希望能招到国家省部委机关如外事办、发改、经信及各国驻华使馆机构、驻华媒体企业代表加盟华为，再逐一派驻到海外。同时，任正非也提出，公共关系每年也可以招聘一些在西方留学的政治学、社会学、心理学、历史学的博士、硕士，就像财经体系一样放到非洲等艰苦地区锤炼，两三年后就开始循环，10 年以后，队伍的长期迭代就基本解决了。

2. 公共关系要把华为的价值观讲清楚

大的方针一定是"合作共赢"，要以高屋建瓴的方式，建立平衡和合作共赢的格局；要充分认识西方的价值观，站在他们的立场去理解他们。例如 2019 年 9 月 10 日，任正非在接受英国《经济学人》杂志采访时放话，华为"可以向美国企业转让 5G 所有的技术和工艺秘密，帮助美国建立起 5G 的产业来，这样中、美、欧形成一个三角平衡体系"，"华为本来就希望世界是平衡的，大家利益均享是有利于华为生存的"。

3. 全员参与公关建设

通过公关组合拳建设"场",而不是突破。公司内外部的"场"在变化,公共关系的抓手就是解决"场"的问题。比如,华为在各名牌大学的校招演讲时,讲座前会滚动播放一些宣传视频,再通过华为高管演讲,传递华为价值观,对大学学子带来积极的影响,这就营造了一个很好的场。华为要求全员参与公关建设,余承东的个人微博有上千万粉丝,粉丝套粉丝,一条消息就可以在舆论中发酵。公司每个人的一举一动、一言一行,实际上都代表了公司的形象。华为高层特别是任正非,在参与公关活动中起到的建"场"的作用,在 2019 年的危机应对中体现得淋漓尽致。

4. 公共关系基本原则与边界要清晰化

任正非指出:"我们不能介入民族矛盾,不介入阶级冲突,不介入宗教问题,不介入地缘政治,不选边站……海外的边界不仅仅在当地,有时候可能就在中国,我们不能牺牲国家利益去做交换企业利益的事情。我们也要感知一些脉搏,不要去挑战别国的制度自信。"

总之,越来越复杂的国际大环境对华为的公共关系工作提出了更高要求。华为公共关系小试牛刀,初见成效,已经体现出华为公关的专业性,但孟晚舟事件和美国"实体清单"的问题尚未得到妥善解决。美国动用国家机器对付华为,未来还有很多恶战等待着公关部门去突击。希望华为公关可以化危为机,进一步为中国企业树立一个海外市场拓展过程中公共关系建设的标杆。

第十二节 全球化的合规运营

孟晚舟事件充分显示了企业在全球化经营中合规运营的重要性。近年来，各国政府通过不断地加强立法，对企业合规的要求越来越高，监管越来越严，处罚越来越重；相应的，企业的合规义务越来越重，难度和挑战越来越大，风险越来越高。另外，结合当前复杂的国家政治经济形势，企业的合规运营不仅会折射出深层次的利益冲突和文化冲突等问题，也可能会成为国家与国家之间对抗与制衡、制裁与报复的工具与手段。跨国运营的国际性大企业所面临的合规挑战与环境日趋严峻。

那么华为在全球化过程中，是如何做到合规运营的呢？[1]

华为合规运营的策略与措施

华为的年报中清楚地写道：恪守商业道德、遵守国际公约和业务所在国所有适用的法律法规，是华为全球化合规运营的基石，也是华为管理层一直秉持的核心理念。华为长期致力于在业务活动中严格遵从所在国家和地区的法律法规，并遵从其他所有适用的法律法规，通过十余年组织与资源的持续投入，逐步建立起了符合业界最佳实践的合规体系。

华为在合规运营方面主要有以下措施：

任命首席合规官，统一管理公司对外合规，直接向董事会汇报工作；在各业务部门、全球各子公司设置合规官并成立合规组织，负责本领域的合规工作；针对贸易合规、网络安全与用户隐私保护、反商业贿赂等关键领域，华为还分别成立了专项合规管理组织，实

---

[1] 此节部分内容根据华为心声社区、华为官网和《华为人》等相关资料整理而成。

行跨区域、跨业务领域的体系化管理。

将合规管控端到端地融入业务流程中,实现对各个业务环节运作的合规管理与监督;结合外部法律法规及自身业务场景的变化,全面识别和评估风险,制定相应管控策略,落实到流程制度中。重视并持续提升员工的合规意识,通过培训、宣传、考核、问责等方式,使员工充分了解公司和个人在合规遵从方面的责任和义务,确保合规遵从融入每一位员工的思想意识与行为习惯之中,这成为公司合规遵从的有效保障。与各国政府主管机构、客户及合作伙伴展开积极、开放的交流与合作,主动引入外部顾问对重点合规领域进行审视,与利益相关方沟通华为的合规理念与实践,持续增强彼此的理解与互信。

华为多领域合规运营的实践

华为长期致力于全球业务运营中的合规建设,例如在签证合规、贸易合规、反商业贿赂、知识产权与商业秘密保护、网络安全与用户隐私保护等多个领域的合规建设。合规要求已融入公司各类政策与业务流程之中。

1. 劳工与签证合规

在全球化运营模式下,大量的中方员工在全球被派遣、出差,使华为频繁地面临来自劳工、签证、海关遵从等运营类合规风险。例如,2002 年在肯尼亚就发生了一次严重的事件:华为当时虽然成立了肯尼亚子公司,但很多外派或者出差的中方员工并没有办理工作签证,而是以落地签的方式前往当地办公。这引起了肯尼亚劳工部门的注意,并在一个周五的下午以非法工作的名义,拘留了办公室里的所有中方员工,直到周一才由法庭审判并释放。经过此事后,华为对全球所有外派人员强调了合法工作签证的重要性,对没有工作签证的人员,禁止去办公室办公。

2. 贸易合规

华为是中国最早建立全面完整贸易合规体系的公司之一。公司对标业界最佳企业,成立了跨集团职能部门、贯穿区域业务的综合贸易合规管理组织,在全球配置专职与兼职的专业团队,进行外部法律变化跟踪,并将贸易合规嵌入公司制度与流程,实现对采购、研发、销售、供应、服务等各个业务环节运作的贸易合规管理与监督。

3. 反商业贿赂合规

华为对腐败和贿赂行为持"零容忍"态度,并采取发布反腐败声明、面向员工及合作伙伴的合规培训、违规行为处罚、执行合规管理体系运行状况评估等措施,从合规文化、治理监督、防范—发现—应对、持续运营等方面,持续强化反腐败和反商业贿赂管理体系建设。在中国的企业中,华为对内部腐败的控制和查处一向比较严厉。任正非曾经强调,没有什么可以阻挡华为前进,唯一能阻挡的,就是内部腐败。因此从 2005 年开始,华为就通过宣誓的方式要求所有干部杜绝腐败,并逐步建立起一套严密的反腐机制。

4. 知识产权与商业秘密保护

华为严格遵从相关法律法规,将商业秘密合规要求嵌入公司的政策、指导与流程,并主动建立全球商业秘密立法跟踪机制,主动和司法机关、团体及律所等咨询机构沟通、学习、研讨,从而建立起完整的商业秘密保护体系,坚决杜绝侵犯他人商业秘密的行为。

5. 区域合规监管体系建设

华为正在全球 130 多个子公司中逐步选拔、培训和任命合规官,设立子公司监督型董事会,对各子公司的合规运营进行管理和监督。海外子公司监督型董事会每年听取和审议各子公司合规工作专题汇报累计超过 150 场,确保子公司合规管理得到切实有效的执行。

6. 网络安全与隐私保护

由于华为所处的行业正处在快速的技术转型过程中，技术的复杂度越来越高，网络的开放程度也越来越高。在这种情况下，网络运营者、政府监管机构及社会大众对安全的关心也越来越高，而华为对网络安全与隐私保护一直实行业界的最高标准。

7. 企业环境政策

企业环境政策是指企业通过制定自己的环境政策来减轻其企业经营活动对全球环境的影响，这是企业社会责任的一部分，也往往是最容易被企业忽略的一个部分。

笔者加入华为后负责的第一个项目，就与欧盟的两项环保法律相关。2005年8月13日起，《关于报废电子电气设备指令》（WEEE）要求所有向欧盟市场投放电子电气产品的生产商和经销商，必须对自己的废旧产品回收和处理的费用负责；2006年7月1日起，《关于在电子电气设备中限制使用某些有害物质指令》（RoHS）要求产品必须考虑环境化的设计，不含有汞、镉、铅、六价铬、多溴联苯（PBB）、多溴联苯醚（PBDE）六种物质。据欧盟估计，仅WEEE一项，每年就会对业内造成5亿~9亿欧元的影响，平均约占产品价格的1%~3%。这两项法令曾给中国电子工业界造成了很大的恐慌。华为非常重视，在集团内部由研发、供应链、技术服务、采购、财务和质量部联合成立了一个公司级的环保项目组。

2005年笔者到欧洲后，快速在德国和英国考察了几家专业的电子垃圾循环公司，并在欧洲为华为建立了废旧产品的回收平台，使华为符合了这两项环保法令。值得一提的是，尽管拓展欧洲高端客户并提升销售业绩是时任欧洲区总裁徐文伟的主要工作内容，其工作已经非常繁忙，但他仍担任了笔者欧洲项目的赞助人，每次汇报他都参加。他曾对笔者说："越是华为不了解的领域，我们越是要

重视，合规运营非常重要！"2005 年 7 月，笔者曾在《中国环境报》
发表过一篇题为《企业环境政策：中国企业国际化盲点》的文章，
十几年过去了，这仍然是中国企业出海的盲点。

总之，合规运营将是企业全球化进程中绕不开的一项挑战。全
球化程度越高，挑战越大，且永无止境，非常值得中国企业高度重视。

第十三节 全球化的跨文化管理

跨文化管理是指在全球化经营中，对子公司所在国的文化采取
包容的管理方法，在跨文化条件下克服任何异质文化的冲突，并创
造出企业独特的文化，从而形成卓有成效的管理过程。经济全球化
时代，人们的社交活动日益便捷与畅通，跨文化交际现象也日益增多。
但由于交际双方所处地域、民族、文化和历史背景不同，双方在习俗、
语言、文化等方面存在差异，很容易导致交际出现障碍。因此，跨
文化管理对于华为这样一个全球化公司来说，显得非常重要。华为
在国际化的过程中，坚持本地化策略，聘请当地员工，尊重当地文化，
求同存异，在公司内部与外部都很好地处理了跨文化问题。

华为核心价值观在本地员工中的传承

随着华为在海外的快速发展，当地员工的数量和比例都越来越
高，不同国家、不同种族之间的文化差异是显而易见的。如何更好
地让当地员工理解华为文化并传承华为核心价值观，如何更好地激
发本地员工的使命感和责任感，如何保证"力出一孔，利出一孔"，
这些问题成为华为全球化过程中急需解决的问题。例如，在华为海
外一线，华为人经常遇到以下问题：

艰苦奋斗——对于当地员工来说，工作是为了更好地生活，工作只是生活的一部分。享受生活，享受与家人在一起的时间，享受假期，是他们平时的写照。当地员工一般不能像中方员工一样随叫随到，也不会加班到很晚。

自我批判——公司要求干部进行批判与自我批判，华为的自我批判会是当着自己部门员工和周边部门主管的面进行的。这在东方文化中很好理解，但在西方文化中却让人很难接受，当地员工很难当着下属的面批判自己或者说出自己的问题，并承诺改进。

中方与当地双标管理——很多公司的要求严格落实到了中方外派员工身上，但却没有严格执行到当地。例如考勤分开，评价体系也没有完全统一。中方员工会觉得为什么区别对待当地员工，而当地员工则会觉得在很多关键事件上没有建议权和决策权，甚至很多信息都没有及时传递，以至于他们觉得自己不是企业的一分子。长此以往，无法充分发挥员工的作用，当地员工的离职率高。

如何应对和解决这些问题呢？任正非早在 2004 年就谈到，对当地员工的培养不要强制他们中国化。华为文化就像是洋葱头，都是外来文化，这层是英国文化，那层是中国文化、美国文化。华为文化要开放和兼收并蓄，因此，对待当地员工不要用中国的思维去要求他们，要以开放的心态去吸取他们的精华，充实华为文化。

华为在跨文化管理方面采取了很多有效的措施：

中方主管正确理解和贯彻公司文化和价值观，在本地化传承时做到不简单粗暴，不僵化。能加班不完全代表艰苦奋斗，无效或低效率的加班不仅在当地员工中不能有，在中方员工中也不应该有。任何国家和民族在文化上都是有一定差异的，中方主管需要正视这种差异，不能僵化地强推华为的价值观。华为的核心价值观在落地时也应该因地制宜，做适当调整。例如，晚上加班也可以改成早上早到公司，自我批判也可以在咖啡厅和酒吧这样轻松的环境中进行。可以把艰苦奋斗解读为对业务精益求精、追求卓越；自我批判则可以解读为持续改进自身和团队，维持组织高绩效。这样，本地员工就可以理解了。

鼓励中方员工主动学习和融合本地文化。例如，华为乌兹别克斯坦代表处的中方员工经常参加当地员工的婚礼，观看芭蕾舞剧，了解当地文化、风土人情。每当有员工过生日，大家会集体送上一份礼物表示祝贺。

求同存异，拉通价值评价。招聘当地员工时，更多的是选择认同华为文化的同路人，找共赢而不是对立，在坚守核心价值观的基础上欣赏个体差异。不应该对当地员工和中方员工区别对待，要回归业务本质，谁的贡献大，就应该让他获得合理的评价和价值分配；不先入为主地区别对待，不打标签。

跨文化活动的组织与培训。原欧洲行政部在德国杜塞尔多夫每年都会例行组织规模很大的春节联欢晚会，中方和当地员工及家属都可以参加。大家会表演很多跨文化的节目，一方面让中方外派员工聚在一起包包饺子，一起过年不想家；另一方面，也能增加当地员工对中国文化的了解和兴趣。晚会的一个环节是让本地员工写中文"华为"两字，看谁写得更好。晚会调动了当地员工学中文的热情，欧洲行政部就组织了中文课和德语课，大大促进了双方的融合。

2008 年 2 月 6 日，德国杜塞尔多夫春节晚会上本地员工写"华为"

　　欧洲地区部的跨文化管理一直做得很好，从 2005 年起就选送了多批优秀的当地员工到中国进行一周的文化培训，了解中国文化，学习华为的企业文化，熟悉公司的组织流程制度。这不仅提升了他们对公司的信心，更重要的是加深了双方在文化上的理解、交流与融合。这些员工后来都成长为当地代表处的骨干，例如，德国的托马斯（Thomas）是第一批参加跨文化培训的当地员工，由于对华为文化的认同，他很快就融入了中方的团队，并能影响身边的当地员工，工作如鱼得水，在入职 5 年后被提拔为代表处管理团队成员之一。

"掺沙子"行动

　　2007 年 8 月，华为销服体系推行了"掺沙子"行动。海外代表处选出了一批优秀的当地骨干，为他们提供培训，让他们承担更大的职责；同时，机关部门为他们量身定制详细的培训和项目实践计划，并指定导师为其提供指导和答疑。本地员工按计划参加项目实践、技能培训、文化培训、参观交流等，通过耳濡目染，感受、学习、思考公司的管理运作和文化。部门定期组织相关人员与他们沟通，分享经验，同时倾听他们的需求与困惑、思考和收获。2~6个月的实践结束后，组织正式的培训答辩，检验"沙子"们的学习成果。

"沙子"们会与部门同事交流，分享收获和感受。在行动中，与中方员工一同工作的海外员工们也给机关带来清新的国际化气息：一线的经验、一线的视角、本地化的思考等。这激活了中方员工的英文语言中枢，带动大家用英语开会和进行日常交流。对"沙子"们回国后的表现进行跟踪调查后表明，"沙子"们的业务能力有所提升，对公司及公司的价值观更认同，与中方员工、中方主管的相处、沟通和互动更加和谐融洽。当地员工将在深圳的所见所学与其他员工进行分享，对周围的同事产生了非常积极的影响。

重视与国际客户及合作伙伴的跨文化沟通

跨文化沟通在企业拓展国际市场的过程中，同样存在于与当地客户、合作伙伴及当地政府机构、社会群众的交流中。华为非常重视这种跨文化的沟通交流与管理，采用多种多样的跨文化交流活动来拉近距离，加深相互之间的理解。跨文化沟通的形式可以是多种多样的，比如客户拜访公司时，可以提供中国风的物品来接待，开展文化沟通活动，等等。

下面是华为心声社区介绍的一些跨文化活动案例：在一次接待南非团组的过程中，接待员在客户的房间内摆放了用客户母语写的欢迎卡，以及客户的中国风卡通肖像。母语＋中国风——这是来自华为最亲切又陌生的欢迎，既有来自东道主特别的问候，又给客户回到家般的温馨感受。结合客户背景与来访目的，让客户觉得非常有心，真正做到了用心接待。这是一次打动客户、让客户敞开心扉的策划。

欧洲某运营商已与华为合作多年，来访客户与华为研发人员曾共同攻克过一道道技术难关，早已成为工作中的最佳拍档。一次对方来访时，我们邀请机关研发人员与客户齐聚一堂，共叙情谊。我们精心挑选了市内某中式园林主题餐厅，并在房间中布置了笔墨纸砚。晚餐开始前，机关研发人员代表挥毫泼墨，写下"最佳团队"四个字，赠予客户。客户听完我们对"最佳团队"这四个汉字的解释后，也亲自提笔写下"Well done"，并表示一定会将双方共同完成的作品带回自己的办公室。

在拉美地区，华为也开展了一系列文化沟通活动。在墨西哥的国际扬琴音乐节期间，我们邀请中国的音乐家为客户举办了一场华为专场民族音乐会；在中国政府举办的"感知中国"活动中，我们邀请当地政府和运营商客户参观了展示中国新貌的展览，观看了"千手观音""少林武术"等精彩表演；在巴西，得知国内杂技艺术团前来演出的消息，我们也邀请各界朋友前去观看。

华为总部的客户培训中心还专门开辟了一间祷告室，方便一些有此需求的客户做祷告。

案例分享：智利跨文化管理心得

为更清晰地分享笔者的跨文化管理心得，以下将以第一人称的方式来阐述本案例。

我从 2007 年就开始在华为海外带当地团队。无论是在欧洲的德国还是拉美的智利，我都非常喜欢带领当地员工较多的团队，也总是能和当地员工打成一片，充分沟通好目标，各自分工，全力以赴，荣辱与共，带出高绩效的当地员工团队。

当地员工经常被其他中方主管认为不好沟通，也不如中方员工那么好调用，往往解释了半天也不明白，还不如自己单干。确实如此，有时主管还没有开口，团队中方员工就领悟到主管想要什么，马上就执行了。长此以往，就形成了中方与本地两个体系。我能与当地员工打成一片的原因很简单，就是"知己知彼"。我被外派至德国与智利时，已经会讲德语和西班牙语，也已经在德国和墨西哥工作、生活过。所以，我熟悉当地文化，充分认可并知道当地人的文化和特点。

带好当地员工团队对中方主管的要求很高，需要中方主管有很开放的心态和不断学习的能力，并充分尊重本地文化。当然，语言也是一个非常重要的沟通工具，会当地语言肯定可以确保沟通充分。除此之外，我还有以下建议，可供其他中方主管参考：

多建立与当地员工的私人感情，多搞团建；多鼓励当地员工干活，避免简单粗暴；多与当地员工沟通企业目标，目标一定要清晰，避免任何文化上的误解；多欣赏个体差异，给予适当的授权和空间；赏罚分明，有理有据；协助当地员工和主管追寻职业成功。

2017 年 8 月 19 日，智利圣地亚哥，在本地员工罗贝托家参加周末烧烤

要想用兵狠，必先待兵切，一定要尊重当地员工。我经常利用周末的时间请当地员工和家人吃饭，以此来增进彼此的了解和信任。遇到挑战，我一定会把任务和目标沟通清晰。由于文化上的差异，中方员工的理解经常和当地员工的理解不同，因此一定要反复沟通。事实证明，让当地员工充分理解主管遇到的问题和困难，他们往往可以通过很多意想不到的途径或方法来解决问题，毕竟是在他们的国家做生意。例如在某一次项目竞标中，我需要和一名关键客户沟通，可他不接我任何电话，也不回复信息。当我把烦恼告诉本地的客户经理后，他居然通过自己的大学同学和客户取得了联系，并约出来喝了一次咖啡，问题迎刃而解。

还有一次是在 2016 年 5 月智利西班牙电信 ME 项目谈判的最后关键时刻，西班牙电信集团采购部高层客户 LV 亲自飞到智利来主持谈判，给出了一个超低的目标价。他与竞标厂家逐家单独闭门谈判，一旦有人接受这个价格，就立即关闭项目。当时我的压力特别大，因为此项目是公司在拉美地区的第一个 ME 改造项目，战略意义非常重大。无奈平时良好的客户关系都起不到作用了，那天下午我根本无法在办公室里正常办公，只能一个人在办公楼前的公园里踱步，思考对策。

一筹莫展之时，我突然接到客户经理罗德里戈（Rodrigo）的电话，他说："我知道你压力很大，我不确信能不能帮你做些什么，但我一整天都守在客户的大堂里。对手 J 的三名销售 13：00 左右上楼，18：00 左右才从楼上下来，他们个个都很开心，仿佛稳操胜券，有点要提前开始庆祝的感觉了！"尽管这不算是有实际作用的项目信息，最多就是一些蛛丝马迹而已，但是我果断解读出对手应该已经刷新了报价，而且谈得非常好，很接近客户目标价了。于是第二天早晨，在华为的正式谈判中，我们果断刷新了报价，最终赢得了项目！

事后，我非常感谢 Rodrigo 的那个电话。其实胜败有时就在一念之间。这也再次证实，充分尊重当地员工，他们总是可以为你带来意外的惊喜。

总之，华为全球化的成功离不开对跨文化管理的重视，华为也积累了很多经验。只有团队融合了，文化传承了，团队才能不断达成目标；企业中方主管是管理的核心，也是企业文化的传承者，必须保持开放和学习的心态，充分尊重本地文化，多组织跨文化团建活动。

第十四节 全球化的导向冲锋的激励

任正非曾说，华为全球化高速发展的秘诀就在于"分钱分得好"，可见有效的价值分配和激励制度在企业长远发展中发挥着至关重要的作用。它既能激发员工潜能，也提升效能。在《华为人力资源管理纲要 2.0》中，华为提出：打造价值创造、价值评价和价值分配构成的循环链是华为人力资源管理的重要基础和主要途径。

一是以客户为中心的价值创造。从企业活下去的根本来看，企业利润只能从客户那里来，顾客的利益所在就是企业生存与发展最根本的利益所在。企业要以客户的满意度作为衡量一切工作的准绳。所以，公司的战略管理、组织绩效管理及个人绩效管理，都必须以客户为中心。

二是以结果为导向的价值评价。员工的任职评价、职位评价、绩效评价等，都要以结果为导向。对员工的评价和提拔，不应该仅仅看素质这个软标准，还要客观地看绩效和结果。这对让人才干实事、提高执行力大有助益。华为价值评价的方针是：向奋斗者、贡献者倾斜；导向冲锋；不让雷锋吃亏；利出一孔；保障企业的可持续发展；促进组织的均衡发展；防止高工资、高福利对企业的威胁。

三是以奋斗者为本的价值分配。企业必须给创造价值的员工合理的回报，导向冲锋。价值分配体系要向奋斗者、贡献者倾斜，不让雷锋吃亏，给火车头加满油。无论是晋升机会、薪酬福利还是组织氛围，都要以奋斗者为本，效益优先，兼顾公平。通过有效的价值分配来激活组织的战斗力。丰富激发员工创造价值动力的手段，物质文明与精神文明建设并重。

为客户创造价值是价值评价的有效输入，价值评价的结果是价值分配的基础，而导向冲锋的价值分配又激励更多的以客户为中心的价值创造，如此循环往复，使得英雄辈出，谁也阻挡不了公司的高速发展。

以奋斗者为本的价值分配

1. 坚持劳动回报优于资本回报，让公司创造价值的主体获得更多价值回报

华为定义的劳动所得包括 TUP、工资、奖金、补贴、福利等收入；资本所得是指虚拟受限股的分红和增值收入。华为之所以不上市，一方面是不想让员工暴富而失去斗志，另一方面是不想被资本所绑架，一味追求短期利益。华为承认资本对价值创造所起的作用，"应承认资本的力量，但更主要是靠劳动者的力量，特别在互联网时代，年轻人的作战能力提升很迅速。有了合理的资本／劳动分配比例、劳动者创造新价值这几点，那么分钱的方法就出来了，敢于涨工资"。

2016 年，华为轮值 CEO 郭平在新年致辞中明确提出："2016 年将持续优化激励制度，实现劳动所得与资本所得 3∶1 的目标。做到拉车人比坐车人拿得多,拉车人在拉车时比不拉车的时候要拿得多。"

2. 优化薪酬激励的结构性管理

这是对过去贡献的一种再分配,并非人人有份的福利。薪酬激励制度鼓励所有人都努力无私贡献,团结贡献;短期激励机制导向多产"粮食"、产好"粮食";继续保持员工工资性收入的行业竞争力,以不断吸引、激励和保留优秀的人才;调整不同人群的短期收入结构,与其贡献的性质相对应;可以异化薪酬结构,也要敢于差异化。长期激励机制与短期激励机制都要导向持续奋斗、交替均衡。激励管理的总原则是按贡献分配、按劳动结果积累,让员工清楚"每天的奋斗都是为了今天和未来"。

3. 坚持责任结果导向的激励分配,掌握好"拉开差距"与"平衡稳定"

根据业务需求,掌握好"拉开差距"与"平衡稳定"间的导向灰度,发挥激励的杠杆作用。员工的个体分配既要落实责任导向,大胆打破平衡,向做出突出贡献的"优秀人才""超优人才"倾斜;又要掌握好"妥协与灰度",将分配差异化程度与不同业务、不同员工群体的贡献特性相匹配。对需要发挥团队力量的业务,要管理好个体分配"拉开差距"和"稳定平衡"的关系,避免无谓的组织内耗,形成"全营一杆枪",充分发挥组织中所有成员集体奋斗的力量;对需要发挥个人作用的业务,针对个体激励要更大胆地拉开差距,充分发挥个人英雄主义的引领作用。

导向冲锋的物质激励

1. 基本工资:按价值定薪,按贡献和结果调薪调级

华为从合益公司引进职位评估体系后,就有了相对科学的薪酬标准体系,对员工工资有了"以岗定级,以级定薪,人岗匹配,易

岗易薪"的薪酬管理 16 字基本方针。员工加薪取决于几个因素：所在组织的绩效所决定的薪酬包大小（导向集体奋斗）、个人绩效（责任结果导向）、职级。而职级的晋升是由所在岗位（岗位的重要程度）、个人绩效和个人专业技能所决定的。由此可见，工资的晋升与学历和资历无关，完全是价值定薪、结果导向。

华为在招聘新员工时，按照面试程序评估的员工能力和经验等因素评价其价值，给出起始定级定薪。同样的学历也可以有不同的起薪。例如 2019 年华为招聘的第一批 8 名"天才"少年，虽然都是博士刚毕业，但起薪从 89 万元到 200 多万元不等，充分体现了华为价值定薪的原则。

若要给"火车头"加满油，最直接的方法就是个人职级的晋升。除了按部门薪酬包和对个人绩效优秀的人员进行正常加薪，还有破格提拔的机制。任正非说："我们要敢于拉开分配差距，破格提拔贡献者，优秀员工要多拿钱、快速提拔。不拉开差距，优秀苗子就起不来，被压得嗷嗷叫。升不了官，团队士气就低落。铁军都是打出来的，打赢了就快速提拔，士气高涨，战斗力就强。选出几个优秀人员来树立标杆，大家看到了榜样，就会开始争着上战场冲锋，去超越标杆，这样队伍的士气才能起来。后进、落后、不出绩效，慢慢地末位淘汰。"2018 年，任正非指出："我们要持续进行破格提拔，在 15、16 级破格提拔 3000 人，17、18、19 级破格提拔 2000 人，其他层级 1000 人，就是要拉开人才的差距，让这些负熵因子激活组织。"

2. 年终奖与及时激励奖结合，上不封顶，只看贡献，导向冲锋

华为的奖金刚开始是按年度发放的，年度奖金与部门组织绩效、个人职级和个人绩效强相关。但后来公司高层发现，年度奖金的激励效果不如及时激励的效果来得好。因此，公司在奖金分配方面逐

步改为年度激励与及时激励相结合的方式。

"我坚决反对年终奖的制度，年终奖制度是最落后的制度。"任正非曾表示。他认为，应该强调项目奖、过程奖、及时奖，比如应有 50% 幅度的过程奖在年终前发完，如果发不完，剩下的也不会发，以此逼迫各部门积极推行过程奖。特别是对一线冲锋的项目，一旦项目目标达成，奖金就可以按贡献大小进行及时分配。

这是真正以奋斗者为本，奖金不分职级，不看资历，只看贡献，导向冲锋，服务用户越多，奖金就越多，上不封顶，及时兑现。任正非与徐直军在消费者 BG 2017 年中市场大会上的讲话提到，只要在内外合规的边界内达到目标，抢的"粮食"越多，分的奖金越多，13 级（员工）也可以拿 23 级的奖金。考虑到不同类别的人员，公司还对各类人员的薪酬实行差异化管理，以激发员工的活力。特殊专业人群可以采用特殊的用工和激励方式，多劳多得，抢着出单，才能促进服务质量的提高。

3. 分层级的艰苦地区补助，激励艰苦奋斗

为了鼓励员工去艰苦地区建功立业，华为设立了补助。补助分为出差补助和海外常驻补助。补助标准按地区艰苦程度分为几档，当地越艰苦、越危险，补助越高。2014 年，任正非在人力资源研讨会上提出：对于大家不愿意去的艰苦地区，如伊拉克、利比亚等，可以提高特有的激励待遇体系，但这是激励，不是补贴。

4. 虚拟股份与 TUP 激励机制，导向持续奋斗

1992 年，华为开始推行员工普遍持股制。员工入职 1~2 年后，公司每年根据其职位职级、劳动态度（是否是奋斗者）、工作业绩等分配一定数额的内部虚拟股票。据统计，华为内部虚拟股的投资回报率每年都超过 20%，有时甚至高达 80%。

这种制度增强了凝聚力，吸引和留住了优秀人才，使华为员工

与公司利益息息相关。在获得公司提供的利益的同时，员工会自觉地与公司共同承担风险，这有效地将公司团结成一个紧密的利益共同体。但这一制度本身存在一定的缺陷，华为的"老八路"们躺在股票收益上混日子的现象越来越严重，甚至形成了"食利"阶层，原来拉车的人变成了坐车的人。针对这些缺陷，华为又在全球员工中推行 TUP，对激励制度进行了进一步的改进。

激励期权计划（TUP）是一种非常简单的递延激励，就是不用交钱买股，却可以享受和分红一样多的回报。由于采用的是现金激励而非股票，不存在任何法律上的障碍。从短期看，它可以直接解决全球不同区域、不同国籍人员激励模式如何统一的问题，回归到任正非坚持的获取分享制——只要你拉车而且能拉好车，你的价值就会在分配中得到体现。这是管理层和优秀员工所期望看到的一种局面。从中长期看，随着 TUP 实施范围和力度的逐渐增加，其收益的稀释作用会让虚拟受限股的比重逐年下降。随着时间的推移，对"奋斗者"的激励比重就会逐步赶上甚至超过给"老八路"的股票分红，从而实现纠正股权激励制度由于实施时间太长而过于强化历史性贡献的不合理之处。

华为通过这种导向奋斗者、导向冲锋的物质激励，在很大程度上激励了员工努力工作，大幅度地提高了工作效率。这也是华为能够在竞争如此激烈的通信市场中一步一步存活下来，最终得以强大的重要原因。

精神文明与物质文明并建共进

在华为看来，单纯、过度依靠物质激励驱动具有局限性，且达到一定程度时会产生弱效、低效甚至无效的现象，更严重的是产生负效作用，即高度物质满足可能带来惰怠和进取心缺乏。而当前移动宽带、人工智能技术正在驱动行业数字化的深刻转型，变化的广度、深度和速度前所未有，公司正面临新的发展机遇与挑战，需要保持比过往更高的活力，更需要一支具有强烈使命感、高度责任感，愿奉献、有能力的作战队伍。

华为坚信，在一个精神激励非常丰富的组织中，每个人都享受着创造价值所带来的优厚薪酬回报，但又并不完全被物质回报所束缚。因为每个人正在被更崇高的使命与愿景所激励，为更广阔的成长机会所激发。在这样的组织中，担责不再成为问题，任何工作漏洞都会得到及时的弥补，组织具有了问题"自愈"的能力；奉献不再需要驱动，因为奉献已经成为组织中个体的自觉；员工与组织不再仅是因获取分享而汇聚在一起的利益共同体，而是上升为共同改变现状的使命共同体。

企业员工不光是为了物质回报，还想通过参与经营企业得到社会对他的尊重，通过经营企业体现其自身的价值。华为通过各种途径来满足员工精神上的需要。

1. 在物质文明落地中体现精神文明建设的要求

尤其要加强对各级"火车头"的精神激励，加快优秀员工破格提拔，发挥精神动力的激励倍增和持久作用。精神文明建设就是要营造一个拥有梦想、主动进取的组织氛围，打造一支充满血性、意志坚定、性格坚韧的干部队伍，加快优秀人才的破格提拔，使环境无论怎样变化，组织中的个体都始终人人奋勇、个个争先，最终驱动业务更好、更持续地发展。

对那些具有使命感、责任心且能力也很强的干部及员工，要敢于优先给予冲锋的机会。"宰相必起于州部，猛将必发于卒伍"，英雄是打出来的。要坚决打破大锅饭，对有成长空间的英雄，优先给予更大的责任和机会。华为推行了令员工信服的干部选拔、配备、使用、管理机制。其中，最契合华为"以奋斗者为本"的，就是华为选拔干部三原则——"优先从成功团队中选拔干部""优先从主攻战场、一线和艰苦地区选拔干部""优先从影响公司长远发展的关键事件中考察和选拔干部"。这些原则全方位地调动了那些想成为奋斗者的员工的积极性，使他们更加注重融入团队、奋勇争先、敢于担责。

2. 非物质激励就是要把英雄的比例扩大，敢于表彰

任正非说：什么是精神文明呢？让有使命感、有责任感、做出了贡献的人快一点晋升，让他们在最佳时间、最佳角色上做出最佳贡献，少数人还可以破格提拔。提拔晋升就是树立组织榜样，榜样的力量是无穷的。

第一，非物质激励就是要把英雄的比例扩大。毛泽东说"遍地英雄下夕烟"。要把英雄先进的比例保持在 60% ~ 70%，剩下30% ~ 40% 每年末位淘汰，走掉一部分。这样逼着大家前进。第二，奖励是一种重要的日常管理行为，华为因此设立专职的奖励管理部门。第三，敢于花点钱做一些典礼，发奖典礼上的精神激励，一定会有人记住的，这就是对他长期的自我激励。

华为专门设立了多元化的奖励来颁发给表现优秀的员工[①]，只要员工取得了进步，达到了目标，就会获得荣誉。这极大地调动了员工的积极性。华为一年一度的市场部晚会历时四五个小时，一大半的时间是用来发奖的。战略项目奖、最佳销售项目奖、竞争优胜奖、战略竞争奖、区域能力提升奖、最佳专业职称奖、优秀行政服务奖、最佳机关支撑奖、区域优秀 BG 奖、优秀大 Ta 子网系统部奖、优秀大 T 系统部奖、优秀效果经营奖、优秀代表处奖等。华为还有特色

---

① 吴春波：《华为是如何发奖的》，华夏基石 e 洞察，2019 年 8 月 24 日。

的公司级大奖——"金牌个人（金牌团队）"奖（旨在奖励为公司持续获得商业成功做出重大和突出贡献的个人和团队，是公司授予员工的最高荣誉奖励）、"蓝血十杰"奖（表彰"对管理体系建设和完善做出突出贡献的、创造出重大价值的优秀管理人才"，这是华为管理体系建设的最高荣誉奖）、"天道酬勤"奖（奖励的对象是在海外累计工作 10 年以上或在艰苦地区连续工作 6 年以上的国际长期派遣人员）、2008 汶川地震救灾抢通英雄纪念章、家属奖等。对基层员工，企业每个月都会评选月度之星、明日之星等；每年年初，任正非都会会见部分公司优秀金牌员工，并合影留念以示鼓励。在华为，只要你贡献多，为客户持续创造价值，你便会拿奖拿到手软。

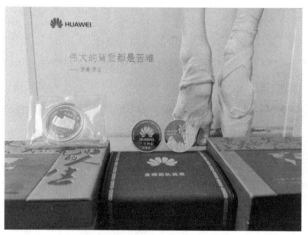

2016 年笔者获得了"天道酬勤"奖

"力出一孔，利出一孔"

"力出一孔"是华为长期坚持的战略原则，"利出一孔"是华为对高级干部和骨干员工的严格要求。任正非强调："大家都知道水和空气是世界上最温柔的东西，因此人们常常赞美水性、轻风。但大家又都知道，温柔的空气可以推动火箭。火箭燃烧后的高速气体，通过一个叫拉瓦尔喷管的小孔，扩散出来的气流即可产生巨大的推力，帮助人类探索宇宙。看似柔弱的水，一旦在高压下从一个小孔中喷出来，就可以用于切割钢板。由此可见力出一孔的威力。华为是平凡的，我们的员工也是平凡的……25 年聚焦在一个目标上持续奋斗，从没有动摇过，就如同从一个孔喷出来的水，产生了今天这么大的成就。这就是力出一孔的威力。"

华为从 30 多年的实践中总结得出，企业要发展，首要的是控制资源分配的方向，聚焦主航道，坚持针尖战略，这就是"力出一孔"。"同时，我们坚持'利出一孔'的原则。EMT 宣言就是表明我们从最高层到所有骨干层的全部收入，只能来源于华为的工资、奖励、分红及其他，不允许有其他额外的收入。从组织上、制度上堵住从最高层到执行层的个人谋私利的机会，杜绝通过关联交易的孔，掏空集体利益的行为。20 多年来我们基本是利出一孔的，形成了 15 万员工团结奋斗的精神力量。我们知道我们管理上还有许多缺点，我们正在努力改进，相信我们的人力资源政策，会在利出一孔中越做越科学，员工越做干劲越大。没有什么是我们不可战胜的。"

如果一个企业没有"力出一孔，利出一孔"的挤压，内部都在做布朗运动，相互抵消，就形不成强大的发展动力。任正非经常用火箭的拉瓦尔喷管来作比喻："可压缩的流体被压缩超过音速后，扩展的面积越来越大，速度越来越快，这就是火箭。火箭的发动机基于拉瓦尔喷管。我们是先规范、后放开。华为公司经过一个瓶颈挤压大家，这个瓶颈就是价值观。挤压完以后，再放开，大家的奔跑速度就会越来越快，推动华为这个'机器'的前进。"

越来越多的人之所以愿意加入华为，并不完全是因为崇高的理想。他们的奋斗还是为了自己和自己的亲人，这是人的本性。激励的前提是必须承认人的本性，但这并不妨碍人在为自己奋斗的同时，为公司、客户及社会的发展创造更多的价值。华为的激励有正向，也有负向，最核心的是导向冲锋的，以结果为导向的，也是以奋斗者为本的。华为提供了这样一个平台，可以激发人的本性，化众人之私为众人之公。所以华为充分承认人的本性、激发人的本性、控制人的本性，三位一体。华为的激励机制全面调动了员工的工作热情，激发了一批为事业执着追求的人才。他们对事业的追求，使华为焕发出强大的生命力。

出海企业在制定激励政策的时候，要物质利益与精神激励一起抓，顺应人性和时代的需求，在两种激励方式的动态变化中，让员工在国际市场拓展过程中，不畏艰险，导向冲锋，在获得个人激励的同时也实现企业全球化的战略目标，实现企业的可持续发展。

第十五节　全球化的平台选址与搭建

海外平台的搭建，其实就是海外子公司办公场所的选址与搭建。从表面来看，办公场所选址似乎是拓展海外业务中极其微小的一个环节，甚至没有讲的必要；但其实选址非常重要，可以说是拓展海外市场的奠基石。为什么这么说呢？因为办公地点一旦确定，很多商务活动就会围绕这个办公点展开，如果因为选址太仓促而导致后续需要再次搬迁的话，可谓牵一发而动全身，对业务的影响会很大，也会造成很多成本的浪费。

另外，一个好的选址也会带来很多其他优势。例如，如果办公地点在离客户较近的地方，就可以频繁而快速地约见客户，与客户进行充分的沟通与对接，从而达到进一步的商业成功；如果办公地点是当地地标建筑或者高档办公楼，也有利于塑造良好的公司形象；如果办公地点周边安全、餐饮丰富、交通便利、综合成本较低，那么员工也可以更加投入地工作，省去很多不必要的麻烦。所以，如何选择一个适合现在和未来一段时间业务发展的城市和办公点，就显得非常重要，当然也非常具有挑战性。

华为欧洲地区部总部搬迁

2005年3月初，笔者被外派到欧洲地区部的技术服务部门，有幸亲身经历和深度参与了华为欧洲地区部总部从考察选址到搬迁德国杜塞尔多夫的全过程。下面，笔者就以欧洲地区部总部的两次搬迁为例，以第一人称的方式，跟大家分享华为是如何进行海外选址的。

欧洲最大的电信运营商有沃达丰、英国电信、德国电信、西班牙电信、法国电信和意大利电信等。其中，沃达丰总部在英国的纽伯里（Newbury），英国电信总部在伊普斯威奇（Ipswich）和伦敦。当时的华为欧洲地区部为了集中有限的资源，优先拓展好沃达丰和英国电信这两个战略大客户，于2004年3月25日，把欧洲总部从德国的法兰克福搬到了英国的贝辛斯托克。这里是华为当年在海外最大的机构之一，也是中国企业在英国的最大投资。英国《泰晤士报》的权威评论称，此举是中国企业走向全球化的一个重要标志，标志着华为的海外拓展重点逐渐从亚非拉发展中国家转向欧洲高端市场。从此，华为以英国为基地，开拓欧洲市场。

贝辛斯托克是英格兰汉普郡东北部一个10万人的小镇，被称为英国的硅谷，有摩托罗拉、索尼等电子生产厂家，可以招到一些电子通信业的人才；且离伦敦较近，坐火车仅需40分钟；更重要的是，其综合成本只有伦敦的一半。贝辛斯托克在华为欧洲的早期发展过程中扮演了很重要的角色，例如：因为其位置之便，使华为进入沃达丰和英国电信这两大战略客户的供应商名单；英国人的职业化程度也非常高，为早期华为欧洲拓展培养了很多经理人；等等。但随着华为在欧洲各国不断地攻城略地，总部在英国贝辛斯托克这个小镇的弊端也越来越显现出来，主要有以下几个方面：第一，成本太高。贝辛斯托克的办公租赁、宿舍租赁等价格普遍比欧洲大陆的城市高出 50%。第二，签证问题。英国是非申根国家，地区部人员需要经常去欧洲大陆各国出差，所以必须去伦敦办签证，会耽误很多时间。第三，交通不便。地区部人员经常需要出差，但从小镇去希斯罗机场开车需 1 小时，去伦敦需搭乘 40 分钟的火车。

因此 2005 年年底，欧洲地区部管理团队就有了再次搬迁的意愿。最初的决定是把支撑性部门——技术服务部（GTS）搬迁到英国中北部城市，从而降低运营成本。我被确定为 GTS 部门的项目负责人，加入了当时的搬迁考察项目组。

当时搬迁的主要考虑因素有以下几点，可以供大家参考：降低运营成本，满足公司业务发展的需求，塑造公司形象，选址要与公司定位吻合，周边交通便利，生活安全，并且容易获得外部合作资源。

2006 年年初起，我就开始在欧洲各地考察，寻找合适的搬迁地点。考察的城市包括英国的伯明翰、考文垂、曼彻斯特，以及法国巴黎、荷兰阿姆斯特丹、比利时布鲁塞尔、德国法兰克福等欧洲城市。有一天我在阿姆斯特丹出差时，突然接到电话，临时让我去德国的杜塞尔多夫看看。考察那里后，我给地区部领导写了一个综合的对比报告。没想到搬迁的决定来得非常迅速。2006 年 9 月，当时的欧洲地区部管理团队就决定把欧洲地区部总部整体搬迁到杜塞尔多夫。时任欧洲总裁徐文伟甚至要求在圣诞节前就完成搬迁，员工们都认为这是不可能完成的。

没有想到，2006 年 12 月 15 日，我就作为首批搬迁的员工坐上了从英国伦敦飞往杜塞尔多夫的航班，同机大概有 50 多位华为的员工及家属。2007 年 1 月，我们已经基本完成了对华为欧洲地区部总部的搬迁。十几年过去了，杜塞尔多夫仍然是华为欧洲总部的所在地，也是华为德国子公司的所在地。这是我在华为职业生涯中，值得骄傲的一段经历。

2007 年，德国杜塞尔多夫，华为欧洲总部办公室

那么杜塞尔多夫是个怎样的城市呢？华为为什么把欧洲总部定在了这里？我认为杜塞尔多夫有四大优势：

第一，经济发达，知名度高。杜塞尔多夫位于莱茵河畔，紧邻世界著名的鲁尔区，人口 57 万，是欧洲人口最稠密、经济最发达地区北莱茵—威斯特法伦州的首府；也是德国广告、服装、展览业和通信业的重要城市，是欧洲物流中心城市，有鲁尔区的"办公桌"之称。

第二，交通便利。杜塞尔多夫有德国的第三大机场，离市区仅8 公里。从杜塞尔多夫起飞，两个小时之内可以抵达欧盟内的任何地点，这种地理位置上的便捷性对于华为这样商务出差非常频繁的企业来说是非常重要的。此外，中国和杜塞尔多夫之间也有多条直达航线。

第三，通信业发达，便于产业集中发展。通信业是杜塞尔多夫重点发展的一个新兴行业，沃达丰德国的总部就在这里。另外，这里共有1500家来自信息和通信技术行业的公司，以及众多知名的软硬件供应商、相关的社团和协会，通信人才集中。

第四，当地政府给予外来企业大量支持。2005年，杜塞尔多夫市政府、杜塞尔多夫展会公司和杜塞尔多夫工商会为了更好地服务中国企业而成立了中国事务中心，旨在为计划到当地投资或已经在此地落户的中国企业提供一站式服务。后期，当地政府还在成立华为杜塞尔多夫子公司等很多当地运营方面，给予了招商的协助；在税收方面，杜塞尔多夫也在不断地给企业减税以吸引城市基础建设投资。与其他德国城市相比，杜塞尔多夫的贸易税、工商税是相对较低的。

从华为欧洲总部的两次搬迁中可以得出的结论是，海外选址是平台搭建前的第一步，要综合考虑各方面因素,例如:综合成本、交通、安全、产业发展、劳工资源、税收、政府政策和签证等很多因素。除此以外，还要认识到显性成本是可以衡量的，但是隐性成本和风险是很难马上体现出来的，往往会在平台搭建后才显露出来，到那时就为时已晚了。所以企业在选址考察时，一定要多跑、多看、多问、多聊、多综合比较，再做决策，如有需要也可以考虑利用熟悉当地情况的中介协助选址。能迅速找到适合公司业务发展的城市和办公地点，当然是一劳永逸的，但所谓的合适也要带着发展的眼光来看。所以，选址非常考验出海企业决策层的集体智慧。

华为海外行政平台的搭建

2007 年年初，华为欧洲总部基本搬迁到了德国杜塞尔多夫，由于曾在德国留学，笔者被安排接手欧洲区的行政管理工作。在这一节里，笔者将继续以第一人称来分享搭建华为欧洲总部行政管理平台的亲身经历。

搬迁之初，百废待兴。跑步上岗后，我面临的工作非常具体，主要是以下几个方面：

办公设施——3000 平方米办公区域的规划和布置，电话、网络与 IT 设施及软件设置，以及家具等硬件设施；

员工宿舍的租赁与配置——200 名华为员工及家属的宿舍与配套；

餐饮——午饭与晚饭的中餐供应；

车辆租赁——30 辆办公用车，包括商务用车和项目交付的工程车；

员工的通信问题——300 张手机卡的管理；

当地的供应商认证与日常的行政采购。

面对这么多问题，当时的我采取了以下这些措施：

1. 在本地招聘行政人员

没有人，什么工作也开展不了，所以我做的第一步就是快速招聘人员。我把行政工作分成了办公室管理、宿舍管理、车辆管理、资产管理、手机卡管理、行政采购、食堂管理、机票预订、秘书等很多模块，按照紧急程度招聘了 20 多名行政人员。其中，宿舍模块是最紧急的，也是最难管理的。一方面，宿舍是员工最关注的一项行政支撑，毕竟下班后每个人都希望有个舒适的地方休息，稍有问题，员工非常容易抱怨；另一方面，因为临时出差人员多，宿舍的押金、钥匙、房间整理等很多工作需要跟踪。所以最多时，杜塞尔多夫有

3个人管理宿舍，其他模块的员工原则上都是身兼数职的。另外，我还招聘了很多当地会德语的留学生加入行政队伍，组建了当地的秘书团队。

2. 确定行政管理的三大原则：模块化、制度化与数据化

模块化——根据行政各模块的日常工作，清晰定义各模块的对应职责，制定各模块的流程指导。这些指导大大加快了到岗行政人员对各项工作要求的了解，让他们很快进入角色。

当时的欧洲行政管理部不光承担着欧洲总部杜塞尔多夫的行政平台支撑工作，还承担着管理各国行政平台的职责。所以，这些经验在华为欧洲其他各国的行政中得到了经验共享与推广，也协助欧洲各国行政快速成长，并成为华为各国业务快速发展的坚强后盾。

2007年6月29日，德国杜塞尔多夫，欧洲片区行政主管经验交流会

制度化——对那些各国遇到的共性问题，欧洲行政部还制定了很多欧洲区域的管理办法。例如员工最关心的就是宿舍问题。先解决有没有住的问题，一旦稳定下来，很多员工就会产生不同的需求——有些带家属、有些不带，还有些带孩子；有些尽管是单身，

但希望住好一点或者住到市中心。为了满足员工对宿舍的不同需求，也减轻公司的管理负担，行政部门发布了鼓励员工在限额内自行租房的宿舍管理规定，还鼓励员工自行买车和考取当地的合法驾照。当时的发文重点是明确欧洲各国各办公城市的租房标准、出差使用私人车辆的交通补贴标准、各国的驾照补贴标准等。

数据化——有了制度后，行政部门每个月会整理出相关的费用数字，直观地体现出来，再结合各办公平台的标准监控各国行政费用的管理。这个方法非常有效，每个月都查出了很多手机费用超标、宿舍不合理占有、车辆占有、紧急预订机票而造成的超高机票等浪费情况。

3. 满意度管理

让所有的员工都满意是非常难做到的，行政也不可能事无巨细。所以华为就定期召开民主生活会，了解员工的工作和生活上的各种需求，以及最不满意的点，制订改进计划，并在规定期限内完成。同时，每年还在员工内部做行政满意度调查，对各国行政平台的支撑情况进行排名，评出优秀的个人与满意度差的行政人员。

杜塞尔多夫平台连续多年被评为欧洲行政支撑最好的平台。员工之所以喜欢这里，还因为我们行政组织了很多中外方员工和家属的活动，例如圣诞晚宴、中国的新年晚会、夏天的烧烤和莱茵河游船等活动。我经历了欧洲片区两任总裁，无论是徐文伟还是余承东，都非常重视行政工作，尽管出差频繁，但回到杜塞尔多夫后还是经常会听取行政人员的汇报，经常和我说"行政无小事"，因为行政工作涉及员工的方方面面。

4. 参照 IPD 流程搭建西欧第一个员工食堂

2008 年，杜塞尔多夫平台刚刚有些平稳，公司就发文，鼓励超过 50 人的平台建自己的食堂。但要建一个解决 200 人吃饭问题的食堂并不是一个小工程，况且德国的卫生检验检疫法规特别严格，要通过审查非常不容易，所以当时整个行政团队和我本人都认为，这是一个不可能完成的任务，每回都反复向领导阐述不可能完成的理由，一直没有推进。直到一次内部会议上，徐文伟对我发火说："难道其他德国公司的员工就不要吃饭吗？对面的客户沃达丰能建成食堂，华为为什么不可以？必须在5月前完成！"

会后，时任运作支撑部部长黎光祥为我仔细分析，提议可以参考 IPD 流程——要在德国建一个食堂的确是挺难的，得先把需求收集清楚，领导的要求和员工的需求分别是什么；然后把任务分解一下，按照 5 月完成来倒推需要执行哪几项重要工作，就相当于 IPD 产品开发中里程碑式的 check point（核对点）。如此梳理之后，我做了以下工作：

第一步，找到一个符合当地卫生标准的场地。我在公司附近 15 分钟车程内，考察了所有的中餐馆与当地餐厅，最后选中一家土耳其烤肉店。正好业主也有意转让，就把所有的设备和场地卖给了华为，华为只需要做很小的改造。第二步，招聘中国厨师和帮工。德国的华人较多，有中餐馆工作经验的厨师和帮工很多，大家一听是华为这样的大公司，也都非常乐意加入。只是华为人来自祖国各地，饮食习惯不同，众口难调，所以后来更换了好几任主厨。第三步，通过杜塞尔多夫政府机构的检查。由于之前的场地就已通过检查，所以改造后也顺利通过了。第四步，认证蔬菜供应商。认证了几家中国超市和荷兰边境的中国蔬菜供应商，他们甚至可以提供送货上门服务。

2008 年 4 月 21 日，德国杜塞尔多夫食堂第一天正式供餐

2008 年 4 月 21 日，杜塞尔多夫食堂开始内部供餐。从此，它成为欧洲的第一个标杆。之后华为在英国、法国等很多西欧国家都建立了独立的食堂。食堂的日常管理是个很大的挑战——做一顿饭容易，要保持每天两顿饭、每顿 200 人的规模，非常不容易，况且还是在德国这样的高标准、严要求的国家。但任正非下了命令：“只有让员工在海外吃到了可口的饭菜，才不想家，才能有战斗力。”

华为的中方外派员工较多，“随军”家属也多。早期公司采取了保姆式的行政平台支撑，承担员工到海外所有的各项行政支撑。中方外派员工也被称为“野战军”，哪里有需要就去哪里，3 个月是最长的调动时间，有时有工作需要，几天内就要收拾行李去其他国家。他们的背后，就是各国强大的行政平台的支撑。这样可以让员工聚焦工作，不需要为租宿舍，变卖车辆、家具等一系列的事情而烦恼。这是早期海外拓展时非常有效的一种方式。

海外平台的大小，完全由公司的业务需求与人员规模来决定。对于长期在当地扎根经营、外派员工较少的企业来说，可以考虑西方与日本公司的普遍做法，就是给予员工一定的货币化补贴，让员工融入当地社会，自行搞定一切。这样公司所需承担的管理成本和责任也小。这两种方式各有利弊，可以在公司不同的发展阶段采取不同的方式。

相比业务拓展，行政管理工作看起来不那么重要，但却直接影响员工在海外的日常工作和生活。海外总裁和区域总裁必须高度重视，经常召开民主生活会，听取员工的反馈。只有员工生活稳定了，才能全身心地投入工作。

我有幸经历了徐文伟和余承东两任欧洲总裁，他们都非常重视行政管理工作。他们在杜塞尔多夫任职期间对我说过的话，也一直深深地影响着我。记得有一段时间，杜塞尔多夫手机卡管理非常混乱，无论是临时出差还是常驻员工，拿着工卡就能到行政领取一张德国当地的 SIM 卡，最多时总共发放了 500 多张。因为是公司发放的，大家也不在意费用，导致手机通信费用一度非常高，而且仍在不断上升。徐文伟很细致，我们行政整理出了一个手机费用超标名单给他看，他答复："行政无小事，事事关系到员工的生活和工作。做事先做人，处理问题一定要和风细雨一些，不要简单粗暴，为了管理而管理，一定要先发布制度，对员工充分宣传。手机卡管理的目的是减少浪费，不是让业务部门不打电话，最后影响业务的拓展。"当时的我第一次走上管理岗位，管理技巧并不成熟，也不懂得华为的"灰度"文化。徐总寥寥数语，让我茅塞顿开。

余承东是一个性格开朗的人。出任欧洲总裁前，他是华为无线产品线总裁，把华为无线产品线做成了世界第一。他周末喜欢带我们去莱茵河边散步，时不时地接进电话会议。在一次散步中，他对我说："我们要做就要做世界第一！攀峰，即使你现在做行政，也要做到世界第一，让业界都来学习我们华为的行政，所以你对标的目标一定要高。所谓取其上，得其中；取其中，得其下。"

2011 年，余承东回总部担任华为终端董事长。当时的华为手机连华为人自己都不想用，余总却提出"要成为世界第一"的目标，以至于大家都嘲笑他为"余大嘴"。但如今，他说过的话都变成了事实——2019 年，华为手机出货量位列中国第一、世界第二，距离全球第一只是时间问题。我相信，这成绩与余总永做世界第一的精神是分不开的。

05
华为的全球化之路

第一节 华为与索尼、三星全球化的对比

索尼的全球化

索尼是一家全球知名的大型综合性跨国企业集团，是日本企业全球化的标杆，是日本的骄傲。作为视听、电子游戏、通信产品和信息技术等领域的先导者、世界便携式数码产品的开创者，索尼还是世界最大的电子产品制造商之一、世界电子游戏业三大巨头之一。索尼2018年财报显示，其营业收入为771亿美元，利润44亿美元，在2018年世界500强中位列第97位。

在收购米高梅之前，索尼早在1989年就以近50亿美元的价格并购了另一家好莱坞知名电影公司哥伦比亚。但同2005年收购米高梅相比，当时造成的影响不知大了多少倍。20世纪80年代末，美国主要工业纷纷败在日本公司手下，美国人开起了日本车，也由此给一些美国人带来了恐慌和耻辱感。而日本人居然连哥伦比亚都买走了——要知道，哥伦比亚可是美国影视文化的象征，连注册商标都是自由女神像。对此，美国举国上下一片惊呼：日本人连美国的文化都要夺取吗？当时美国《新闻周刊》的封面上，哥伦比亚电影

公司的注册商标自由女神像被换成了身穿和服的日本艺伎,《日本进攻好莱坞》是这期杂志最醒目的大标题,杂志还以《日本企业买走了美国之魂》为题,刊登了长达数十页的特刊。在这个特刊中,杂志以民意调查的结果为依据,断言索尼公司的收购是"比苏联军事力量更可怕的威胁"!

三星的全球化

三星是韩国企业全球化的标杆,是韩国的骄傲。作为全球知名的大型综合性跨国企业集团,三星在全世界拥有 400 多个办公点和 23 万名员工,业务涉及电子、金融、机械、化学等众多领域。2018 年,三星集团旗下的三星电子在世界 500 强中排名第 12 位,营业收入 2119 亿美元,利润达到 366 亿美元。

2016 年 11 月,三星电子宣布以 80 亿美元的价格收购美国音响与汽车电子制造商哈曼国际。如果说这一收购并没有引起美国太多的恐慌,那么 2018 年 6 月三星与苹果专利侵权案的和解,却引起了美国的普遍关注——早在 2011 年苹果就起诉三星,称三星有 5 款于 2010 至 2011 年间售卖的安卓手机侵犯了苹果的设计专利。2012 年,三星承认侵犯了苹果公司的外观设计专利,但是这两家公司在过去 6 年间就赔款金额一直没能达成和解。三星坚持认为赔款金额应该只涉及部分 iPhone 设计专利,而苹果公司则认为赔款金额应按整部 iPhone 的价值来计算。最终,美国法院站在了苹果这边,命令三星电子向苹果支付 5.39 亿美元,从而结束了长达 7 年的纠纷。

华为与索尼、三星全球化对比

2019 年,随着中美贸易摩擦的不断升级,华为也升级为中国企业全球化的标杆、中国民族企业的骄傲。但是从全球化时间来看,华为是 2000 年后才进入快速发展期的，起步时间比索尼晚近 40 年，比三星晚 20 年。同是亚洲企业全球化的标杆，无论是索尼和三星的全球化，还是华为的全球化，都与其创始人的高瞻远瞩的全球化战略密不可分；同时，这三家企业的全球化崛起都引起了美国的恐慌。从品牌排名的角度来看，尽管华为品牌风头正劲，大有后来者居上的势头，但索尼曾经进入过全球前十，三星在 Interbrand 发布的"2018 全球最佳品牌排行榜"中排名第六，而华为排名第 68 位，与它们的差距还很大。就营业收入的角度来看，华为超过了索尼，但只是三星的 50% 左右；利润与索尼基本持平，但只是三星的 22%。由此可见，华为与两家公司的管理水平还有较大差距。从品牌含义来看，索尼全球化时间最长，品牌文化已经形成了创新、绿色和文化的多元内涵，三星是强大而永恒，而华为则强调技术领先。具体如表 5-1 所示。

表 5-1　索尼、三星与华为的全球化时间及营收、排名对比

公司名称	全球化时间	Interbrand "2018 全球最佳品牌排行榜"	2019 年"世界 500 强"排名	2019 年营业收入/亿美元	2019 年利润/亿美元	品牌含义	全球化企业文化
索尼	20 世纪 60 年代	59	116	781	83	创新、绿色、文化	重视技术、人尽其才、不断创新、互敬互爱
三星	20 世纪 80 年代	6	15	2215	399	强大而永恒	强调世界第一、追求极致、引领变革和创新、注重孤注一掷和执行力
华为	2000 年后	68	61	1090	89	技术领先	狼性、开放、艰苦奋斗、重视技术领先和服务客户

从全球化企业文化的角度来看，索尼重视科学技术、人尽其才、不断创新和互敬互爱。2002—2003 年，笔者曾在德国斯图加特的索尼欧洲高科技中心工作过。索尼在欧洲的大部分员工都是欧洲人，日本籍员工很少，且不一定担任主管岗位。企业内部关系非常融洽，还有一种企业文化，"工作最好的回报就是工作"。三星的全球化企业文化强调世界第一，追求极致，引领变革和创新，注重孤注一掷和执行力，其在很多海外国家的主管都是韩国人。笔者在智利工作期间，由于三星在当地的公司距离华为办公室很近，经常有三星的员工跳槽过来。笔者曾与他们进行过交流，智利本地员工认为三星的企业文化有些强势，韩国人的机会明显多于本地人，本地员工有时觉得自己没有得到重视。相比之下，华为文化则强调狼性、开放、包容、艰苦奋斗和团队合作，华为海外所有的国家主管几乎都是中国人，更准确地说是中方外派员工。

第二节 华为全球化之路的挑战

华为肩负着中国企业全球化开拓者的历史重任，我们都希望华为能够更好地引领中国企业的全球化进程。结合笔者 2005 年至 2017 年从总部到欧洲地区部、西班牙电信系统部，再到拉美的智利代表处的亲身经历，笔者认为，华为全球化还将面临着以下六个方面的挑战。

"以客户为中心"的文化在弱化

很多华为的海外代表处与组织，已经演变为"以领导为中心"和"以考核为中心"。由于领导直接决定着员工的很多收益，而华为的收益又那么诱人，所以相比客户满意度，领导的满意度来得更重要、更直接。由此，大家都会一团和气地迎合领导，"聪明人"一般都不会提出不同意见或者不合时宜地反映真实情况；甚至即使客户明确提出了业务需求，华为也以"行业领袖"自居，再没有了往日的谦卑心态。如果此时的业务需求对员工短期考核不利，有些人就会选择忽略客户的需求。《绩效主义毁了索尼》一文中所描述的问题，在华为内部也同样严重存在。

艰苦奋斗文化的传承难度加大

艰苦奋斗文化是华为灵活机动地战胜对手的法宝，这种文化传递给中方外派的60后与70后没有问题，传递给80后，问题也不大，但如何更好地传递给越来越多加入海外军团的90后呢？这些90后的家庭条件优越，来华为海外工作，主要目的不是升职与加薪，而是人生经历，干得开心就做，干得不开心就走。艰苦奋斗的文化要如何传承呢？

2019年1月，笔者回到拉美出差，一位终端主管分享了一个典型案例。终端员工比较年轻，90后很多，一位90后员工早晨上班经常迟到，主管就找他谈话："为何经常迟到啊？"他回答说："因为要睡觉！"主管又问："那你觉得工作重要，还是睡觉重要啊？"按照70后、80后或者华为的主流价值观，当然是工作重要，况且华为还是这么好的一个全球化平台，但这位90后员工的回答却令主管大跌眼镜："我父母说了，来华为海外工作，身体和安全最重要，所以睡觉更重要。"跟70后和80后为了赚钱和买房而拼命工作的价值观相比，90后的工作价值观已大为颠覆。他们更看重自身的感受，工作对他们而言，只是一种经历或体验。

海外本地员工的职业通道受阻

海外本地员工是一线代表处与组织的重要组成部分，然而当他们被提拔到一定岗位后，就面临着职业的天花板问题，副总（VP）仍然是他们的最高职位。他们也很难长期坚持艰苦奋斗。此外，中方主管每三年就轮岗，本地员工需要不断地适应不同主管的管理风格，相处不好，就很容易离职。所以，如何留住伴随着华为在当地国家成长起来的本地高管、业务骨干，非常重要。其实完全可以考虑让少数本地高管不担任一线作战岗位，退居二线成为海外代表处企业文化的传承者，成为本地员工的"定海神针"。海外代表处是华为最前沿的作战单元，一切以利润和作战为导向，目前组织结构还没有关注这方面。但企业文化的传播不能只靠中方员工，本地主管的示范效应将会更加好。

跨文化融合的意愿不强

中方外派员工在华为海外的管理中起着重要的承上启下作用，他们也是企业文化的传递者。中方外派员工需要更加主动地学习当地语言和融入当地文化，这样才能更好地与本地员工沟通与合作，也能更好地服务客户。但非常可惜，绝大部分华为中方外派员工都把这段经历当成一个短暂的人生阶段，极少有中方员工坚持学习当地语言，很少与本地员工交朋友，更不会参与提高文化和艺术修养的（例如逛博物馆、听音乐会等）高雅活动了。尽管华为有很多生活协同活动，但海外中方员工最普遍的娱乐就是周末一起做做饭、打打牌。普遍而言，华为人只会工作，不是太会生活，华为文化太强调"艰苦奋斗"的一面；而无论是海外的客户，还是华为在当地的员工，即使收入不一定有华为外派员工高，但他们都非常讲究艺术，注重休闲生活。这也造成了中方和本地格格不入的两种生活方式与思维模式，双方融合的意愿都不强。

中方外派主管的管理方式简单粗暴

在海外组织管理中，中方外派主管的风格往往决定着团队的风格，对中方外派主管的要求也非常高，尤其是一线的代表（国家总经理）、AT（Administrative Team，行政管理团队）主任，都拥有绝对的权力。他们若能有开放和包容的胸怀当然最好，然而华为文化提倡"狼性"，是战斗的文化，是导向冲锋的文化。这也决定了华为的绝大部分中方干部是做业务的一把好手——否则无法在华为这样的层层选拔中胜出，他们执行力强，对公司也非常忠诚，但管理上却往往简单粗暴，对待中方员工和当地员工一个样，甚至无法做到好好说话，还自诩这就是华为的狼性。他们动不动就拍桌子骂人，这是海外员工离职率高的主要原因。华为已经过了攻城略地的阶段，不需要"张飞"式的干部，对一些成熟的代表处或发达国家的代表处，应该考虑用"赵刚"式的干部来带领团队，否则对一线团队的冲击力和对组织的破坏力将非常强。从长远的角度看，这会破坏华为一线代表处的根基。

2019 年 7 月，华为轮值 CEO 徐直军发表了以《谈"一唬二凶三骂人"现象》为主题的讲话，要求各级干部进行自省自查和反思，不断改进工作作风，尤其提到一些主管没有意识到"一唬二凶三骂人"的危害，不以为耻，反以为荣，以为这样做才会管理有效，才能建立威信，甚至还认为自己是受了华为文化的"熏陶"。徐直军特别指出，"一唬二凶三骂人"是管理者不合格的表现，是管理者回避责任、缺乏自信的表现，是管理者缺乏自我批判的表现，必须坚决反对。要做好管理，首先必须管理好自己，一个连自己都没法管理好的管理者，是不可能管理好一个团队的。

内耗巨大的胶片汇报

华为人把 PPT 称为"胶片",应该说,它是大公司沟通与汇报中必不可少的工具,在与外部客户的交流与汇报中也是很有必要的,因此,需要把胶片做好。但华为的问题是内部的汇报和胶片太多了,为了迎合领导,华为人不是在汇报胶片,就是在制作胶片。内部领导频繁出差、新领导到任都会要求一线汇报,这得耗费大量的人力。对于客户端来说,这完全没有增值。一线员工的精力是有限的,当投入大量的时间去做内部汇报时,他们拜访客户的时间就少了。很多胶片由于是过程性的,汇报完了也就被束之高阁了,造成了极大的资源浪费和内耗。且在汇报的过程中,员工一般报喜不报忧,避免暴露问题,不反映真实的情况,尽量夸大自己任内的绩效和拿下项目的战略格局意义等。

看看这些文件名就能略知一二,华为的胶片文化似乎已经深入骨髓了,这不是一天形成的——电邮文号〔2012〕20 号《聚焦价值创造,减少会议,减少胶片》、华为 EMT 决议〔2015〕015 号《关于聚焦价值创造,减少会议,减少胶片的决议》、〔2019〕002 号电邮《胶片、胶片,还是胶片! SP、BP、战略解码、重点工作、述职、管理评审,数不清的胶片》。

任正非知道员工讲真话是要付出代价的,但仍然鼓励员工:"如果你认为你的领导错了,请你告诉他!"2017 年 9 月 4 日,总裁办电子邮件《要坚持真实,华为才能更充实》内容简短:"我们要鼓励员工及各级干部讲真话,真话有正确的、不正确的,各级组织采纳不采纳,并没什么问题,而是风气要改变。真话有利于改进管理,假话只有使管理变得复杂、成本更高。"

华为企业文化是开放的、包容的,不光要学习他人的优秀之处,还要反思自身存在的一些问题。将反思作为一个研究项目，形成长期机制坚持下去的，仅有寥寥几家公司，华为就是这样一家公司。华为在内部专门成立了一个研究如何打败华为的部门，号称华为"蓝军"，来反思公司的不足与危机。2018 年 4 月华为人力资源 2.0 总纲第二期研讨班上，无论各位公司管理者职级多高，都以普通学生身份一视同仁，大家努力学习，畅所欲言。任正非倡导心胸开放，倡导批评与自我批评，于是，"蓝军"便对任正非做出了 10 条批判：

1. 任正非的人力资源哲学思想是世界级创新，但有的时候指导过深过细过急，HR 体系执行过于机械化、僵硬化、运动化，专业力量没有得到发挥；

2. 不要过早否定新的事物，对新事物要抱着开放的心态，让子弹先飞一会儿；

3. 工资、补贴、奖金、长期激励机制等价值分配机制需要系统梳理和思考；

4. 不能把中庸之道用到极致，灰度灰度再灰度，妥协妥协再妥协；

5. 干部管理要在风险和效率上追求平衡；

6. 要重视专家，强化专家的价值；

7. 反思海外经历适用的职务范围的问题；

8. 不能基于汇报内容优劣、汇报好坏来否定汇报人员或肯定汇报人员；

9. 任正非的很多管理思想、管理要求只适用于运营商业务，不能适用于其他业务；

10. 战略预备队本来是"中央党校"，但由于实际运作执行问题，结果变成了"五七干校"。

自我批评是华为的核心企业文化，华为所处的领域强手如林，变化日新月异。在公司的所有层次，都被要求开展创造性的工作，公司鼓励员工自我批评、自我否定，防止经验主义，从而实现了一次次的升华。在华为的内部刊物上，时常可以见到员工勇于暴露问题、剖析自己，把经验教训与大家分享的例子。比如2001年3月，正当华为发展势头十分良好之时，任正非在内刊上发表了名为《华为的冬天》的文章，这篇力透纸背的文章不仅是对华为的警醒，还适用于整个行业。接下来互联网泡沫破裂的事实让这篇文章广为流传，可见华为是一个危机意识非常强的企业。正因为如此，华为才会在2019年的中美贸易摩擦中，当美国总统特朗普调动国家机器来绞杀华为时，总是有备选方案，见招拆招，尽显大家风范。

本书既回顾了华为全球化的历程，也总结了华为全球化成功的经验，华为的全球化是快速的、辉煌的，但也是长期的、曲折的，现在更是面临着中美贸易摩擦与美国的全面封杀。华为未来的全球化之路将更具挑战，但我们相信华为的企业文化是开放的、包容的，它能以一杯咖啡吸收宇宙的力量，且还是自我纠错、不断改进的。再加上华为人的艰苦奋斗，18万人的同频共振，相信华为一定能够走出困境，继续引领世界！

在"一带一路"倡议的框架下，中国企业有"走出去"的愿望，国际市场又希望中国企业走出去，"一带一路"将成为中国企业全球化的新动能，引领着企业进行海外拓展。中国有大量的外汇储备，正在推行人民币全球化，还发起了丝绸之路基金和亚投行等，十九大《政府工作报告》也提出要培育具有全球竞争力的世界一流企业，这可谓是中国企业全球化的大好时机。无论是国有企业还是民营企业，都应在"一带一路"发展中找到自身的存在意义和角色。企业全球化是一个长期而艰苦的过程，罗马不是一日建成的，但只要出海企业好好学习华为等优秀企业的成功经验，就可相对减少出海失败的代价；也建议出海企业学习华为当年拜 IBM 等西方咨询公司为师的经验，邀请专业的企业国际化顾问和内部团队一起研讨，从一开始就做好出海的战略与执行规划，从领导力、价值观引领全局，并在战略洞察、战略意图、创新、业务设计、关键任务、组织与人、氛围与环境等方面进行周密的策划，提高出海的成功率！

2020 年，中国正面临着百年未遇之大变局。突如其来的疫情之后，中国将进一步引领全球化的浪潮。时代在呼唤越来越多的中国企业沿着华为的足迹走向全球化，并为中国和世界经济带来更多新的活力。最后借用改革开放总设计师小平同志的话：中国企业全球化，思想再解放一点、胆子再大一点、步伐再快一点。

本书截稿之时，恰逢中华人民共和国成立 70 周年大庆。我在陪同家人一起看国庆阅兵的同时，也在给国外的朋友们转发照片，内心感到无比幸福和自豪！想起 1999 年，我大学四年级从苏州到上海虹桥机场第一次坐飞机，第一次出国去美国和墨西哥，第一次向外国人介绍自己来自中国时的那种不自信，那时的我完全无法想到，自己这 20 年来参与的全球化带来的人生和职业的变化。很庆幸自己出生在 1978 年的中国，目睹了改革开放 40 年的奇迹，还参与了中国伟大企业——华为的全球化进程！

  在历史潮流和全球化中，一个人是多么渺小，一辈子能做成一件事情就非常了不起了。我希望可以协助更多的中国企业走向全球化，也希望自己的经历可以鼓励更多年轻人，学习多门语言，学习多国文化，加入中国企业走向全球化的浪潮，为中华民族的伟大复兴而奋斗！在此百年未遇的大变局中，希望我们的祖国再创辉煌！

  由于时间仓促，本人水平有限，文中肯定有诸多不足之处，诚请广大读者指正。写作得到了一些华为老兄弟周道远、唐源等的帮助，还有欧家锦、郭健多、冯茹、顾冰清、范泽昊等人的大力协助，在此一并致谢！

  在《华为全球化》的写作过程中，作者查阅了大量与华为和任正非有关的文章，并从中得到了不少感悟，也借鉴了许多非常有价值的观点及案例。但由于资料来源广泛，且创作时间仓促，也许会有部分引用资料未来得及注明来源及联系版权拥有者并支付稿酬，希望相关版权拥有者见到本声明后及时与我们联系，也非常欢迎对本书感兴趣的读者参与讨论，不断完善本书，非常感谢各位！也非常欢迎对本书感兴趣的读者参与讨论（电子邮箱 chengdalos@ yahoo.com）。